小学館文庫

メイド・イン・
オキュパイド・ジャパン

小坂一也

絵・和田 誠

JN030882

小学館

占領下の日本製《メイド・イン・オキュパイド・ジャパン》——まえがき

十歳までではあったが、戦時中に生きてきた。学童疎開での山奥暮らしだから、戦争を体験したとはとても言えない。身の危険を感じたことなど一度もなかった。

食べたい盛りを、ろくに食べられもせずに過ごしていたが、日本中がそうなのだからと別に誰をうらやむでもなく、どんな食べ物にせよあるだけマシだとの教えに納得していた。

血マナコで山中を探しまわり、綺麗な沢沿いに生息していた赤蛙は、食用になるということだけでついに絶滅した。〝泥水すすり、草を噛み……〟、そんな軍歌を合唱しながら蛙を追ったものだ。

「戦地の兵隊さんたちは、もっともっとご苦労なさっているんだ」

その教育は徹底していた。ラジオから流れる戦果の報道に一喜一憂し、鬼畜米英を呪いながら、虱《しらみ》の大群と闘っていた。小学生のくせに親に出すハガ

キにはいつも、

「お父様お母様、お元気でいらっしゃいますか、わたくしも元気で……」

と書き出すのがキマリだった。

そして、敗戦。玉音放送は皆目理解できなかった。同級生たちとこぞって描いて、壁に貼りめぐらした、〝火焔につつまれて墜落していくB29〟の絵は、生徒たちが自発的にはがして捨てた。灯火管制用の電灯の覆いが、歓声とともに取り払われた。それだけでもう時代が変わったことが身にしみるようだった。


昭和二十六年。講和条約が成立して独立国に復帰できたその日まで、日本からの輸出品には、あるものには梱包された上から、陶器や玩具などはその裏側に、〝MADE IN OCCUPIED JAPAN〟の刻印をうたなければならなかったという。

そんな占領下の六年間に、いちばん物事に感化されやすい少年期を送った私は、いわばメイド・イン・オキュパイド・ジャパンの申し子の一人なのだ。幾多の困難に立ち向かって、必死にその時代を生きた多くの人たちにくらべれば、私は確実に恵まれていた。それだけに、よけい申し子の要素は強い。

「これからは、どんどん良い時代になっていくのじゃないだろうか」、そんな夢だけは抱くことができたのだから、今の若い人たちよりもずっと倖せだったといえよう。

占領したのがアメリカだったからこそ、今の日本がある。そんなことも思うのだ。

これは、〝アメリカびいきの、アメリカコンプレックス〟という悲しい性《さが》を払拭しきれない私の「センチメンタルで客観性を欠いた、自己確認のための回想」、なのである。

メイド・イン・オキュパイド・ジャパン

目次

メイド・イン・オキュパイド・ジャパン

サツマイモ好きのアメリカ兵

1945

「ハロー」

「ハブユーチョコレート?」

「ハウマッチ!」

そのほかに、「チューインガム」、「シガレッツ」、「ドロップス」といった品名五つ六つ、そして簡単な数学、あとは「イエース」と「サンキューベリマッチ」、「オーケー」ぐらいのものだっただろうか。「ノー」は、知ってはいるものの、口に出すのには勇気がいる。だからそのときには、ただあいまいにヒラヒラと手を横にふる。

これが、初めて習って、そして初めて使った英会話らしきもののすべてだった。

学童疎開先の新潟県の山寺から、十三ヵ月ぶりにようやっと東京に戻ってこられたのは、昭和二十年の十月。私は小学校の四年生だった。

母は、まだ低学年のために学童疎開に行くことのできなかった妹と弟をつれ、仕事で東京に残る父とも離れて、半年前から名古屋市の郊外へ縁故疎開していた。東京の家は、終戦間際に処分してしまっていたから、「住む所が見つかるまでお前も」という父のことばで、せっかく東京へ帰ってきた私もまた、日をおかずして母たちの方へ行くことになった。

現在は名古屋市守山《もりやま》区になっているが、当時の住所は、名古屋市外守山町大字《おおあざ》守山。名古屋から瀬戸電で四十分ほどの場所である。

果樹園の多い土地で、父の生家であるそこも、千本を超す富有柿《ふゆうがき》の樹が広大な敷地内に整然と植えられていて、秋には豪華このうえないといった眺めになるのだ。

名古屋も激しい空襲にあったから、命からがら市内から逃げてきて、そのまま住みついている親戚たちもいたりして子供の数も多く、守山の家には、いつもにぎやかで楽しげな笑い声が満ちていた。そこへ新しく加わった小学校四年の私は、子供たちの最年長、しかも、一年余りにせよ親元から離れての団体生活を送ったというキャリアを持つおにいちゃまなのである。

朝がくる。妹と弟はいいとこたちと仲良く近所の小学校へ出かけて行く。ところが、東京の学校を一時休学のかたちにしてこちらへやってきた私は、二学期もそろそろ終る中途半端な十一月のせいもあって、ここでは小学校に行かなかったのだ。

おんとし十歳、遊びたい盛りである。それが、くる日もくる日も遊んで暮らせるというとんでもないご身分になってしまったのだ。胸がしめつけられるほどの幸福感に浸っていたが、それは長続きするものではなかった。

毎日が日曜日なんて、嬉しがる人もいるかもしれないが、そりゃ、朝寝坊こそ存分にできるとはいうものの、まわりが静かすぎてかえって目が覚めてしまう。ごそごそ起き出して、何か食べて、「さあて」と外に出てみるのだが、もうその時間、近くに遊び相手になる年頃の子供なんているわけもない。それじゃと、虫の観察、鳥の観察、雲の観察、およそひとりぼっちで何かをするのは得意じゃなかったから、ちょっとまいった。この状態は当分続きそうだ、なんかいいこと考えなけりゃあ。四年生の贅沢な悩みだった。

富有柿の林を抜け、裏木戸を開けると板塀沿いに白茶けたほこりっぽい道が続いている。幅約二メートル半。右へ行けばすぐに小学校、そっちへはあまり行きたくない。左は瀬戸電の守山駅へ続く道。二つに一つなら……左の方へ行くしかない。

草叢《くさむら》だか藪《やぶ》だか、そんなものばかりのところをしばらく行くと、右側にしっかりした造りの石塀が長々と続いている。高さも二メートル以上、ここはついこのあいだまで大日本帝国陸軍騎兵隊の練兵場だったところ。昔来たときには、進軍ラッパや馬たちのいななきやひづめの轟きが聞こえたものだが、今はアメリカ軍の、それも騎兵師団が駐屯しているそうだ。それにしてはおかしなことに、馬がいる様子はないという。

道の左側は畑、といっても耕されずに放ってあるものだから、土はもうカチカチに固まっている。季節をすぎたコスモスが力なくてんでんバラバラの方向に倒れかかっていた。花の数が多いだけによけいわびしい。

「なんだあ、つまんねえ道……やっぱり帰ろうかな」

と思いはじめたとき、その少し先に、人の群がっているのが目に入った。五十人以上もいる。大勢のわりには皆おとなしく、でも何か楽しそうに石塀を見上げているのだ。

「あれ!　なんかあったのかな?」

近寄って見たその光景を、四十年以上たった今でも、私ははっきり思い出すことができる。

ひなたぼっこしているように、こちらを向いてアメリカ兵が十人余り、石塀の上にずらりと腰掛けていた。戦闘服だろうか、大きなポケットがいくつもついたグリーンのジャンパーを着て、同色のキャップをかぶっている者いない者、頑丈そうな軍靴《ぐんか》をはいた足をぶらぶらさせて、互いに喋り合いながら、ときどき眼下の日本人の群れを見おろして何か言う、大笑いしているのもいる。

小学生の私には、初めて動物園で猛獣の檻の前に立ったような気分だったが、思いきって観衆の中にまじってみた。

アメリカ兵たちは、思ったより大人という感じがしなかった。アンちゃんと呼ぶのがふさわしいほどだ。青空をバックに金髪が光っている。よく動く青い目、白い頬（いやピンクの頬）、下から見ているせいか、鼻の高いのがよけいに目立つ。飛び交う言葉の意味はむろん分かりはしないけれど、声は晴れやかで大きいし、とにかくよく笑う。

新潟から東京、そして名古屋へと、私もここへ来るあいだにアメリカ兵は何度も見かけたけれど、こんなに近くで、しかもまじまじと見ることができたのは初めてだ。気がつくといつのまにか私は、人々の最前列までしっかりしゃしゃり出ていたのだった。

しかし別に危険もなさそうだし、こうしていても誰に怒られることもなさそうなので、そのままただウットリと塀の上を見物していた。

見ていると、下から誰かが何かを言い、上からもそれに応え、話がまとまったようだと、上から何かが落とされる。それに対してこんどは、下から金らしいものを丸めて放り上げている。それがどのくらいの時間続いているのだろう、塀の下の日本人も入れ替り立ち替り、上でもアメリカ兵たちが減ったりまた増えたりをくり返す。

「あー、何か売り買いしてるんだな」

そこまでは理解できた。

売られているのはチョコレート、チューインガム、煙草などが主で、それに何か、箱に入った、これもやはり食料品らしきもの。

なおもよく観察していると、下から声をかけたりするのは、誰でもいいというわけにはいかないらしく、少しは英語が使える男たち、といっても、せいぜい三、四人だ。塀の上のアメリカ兵たちは、注文に応じてあちこちのポケットから手品師のように品物をとり出し、嬉々として値段の交渉をしている。そこには、ついきのうまで、敵同士だったアメリカと日本、勝者と敗者との間に当然あるべきある種のこだわりがまったくない。何ともフランクに、むしろ対等とも思える様子でやり合っている、つい見物しているこっちもニコニコしてしまうほどだった。

翌日もまた行ってみた。その次の日も、また次の日も。石塀に並んだアメリカ兵たちを見学することは、休学中の小学校四年生にとっては、まさに重要な日課になってしまったのだ。

毎日そこに行っていれば、いろいろなことが少しずつ呑みこめてくるようになる。塀の内側には、ときどき軍の見廻りがあるらしいこと。すると塀の上の連中の姿は一時向こう側に消えるが、すぐにまた現われる。というのは警備がそれほどやかましくないに違いない、ということ。日本のお巡りさんも何度かやっては来たが、塀のそばまではなかなか近寄ってはこられないこと……。

箱に入った食料品らしきものは、どうやらアメリカ軍の弁当、というのか携帯食らしい。そのほか石鹸もよく売買されていて、これが欲しいときにはまず、

「ハブユーソープ？」

と言えばよいということまで覚えてしまった。

面白くて面白くてたまらなかったが、何か禁断の木の実を食べているようなうしろめたさもあった。いつまでも内緒にしているのもまずいと思ったので、ある日恐る恐る、かつ重大ニュースとして母に話してみたら、何のことはない、すべてご存じだったのだ。

私が連日そこへ見物に行っていることも、そこで買える品物、値段、そのほか何日もかかって私がようやっと呑みこんだ事柄のほとんどを知っているというではないか。自分で行ったことはないが、近所のおばさんたちからさんざん聞かされていたのだそうだ。ホッとしたと同時にガックリでもあった。

「ね、うちでも何か買ってみない？」

　ダメでもともとの気持だったのに、意外や妹たちの分も含めて「チョコレートを」と金を渡され、私は石塀のところまですっ飛んでいった。

　常連の大人たちが教えてくれたことを、頭の中でくり返し練習してみて、まず心を落ちつかせ、それから塀の上に向かっておもむろに、

「ハロー」

「ハブユーチョコレート？」

「ハウマッチ！」

　で……ことは簡単だった、拍子抜けするほどに。

　両の掌にズッシリと、三個の〝ミルキーウエイ〟はまるで金の延べ棒のようだ。そして、金髪のアメリカ兵たちは小四の私を、英会話なんて初めての子供を、常連のおじさんたちとおんなじように扱ってくれて……私は有頂天だった。

　私のアメリカ好きは、さして深い意味もなくこんな単純なことから始まっていったのだ。

　そしてそれからのしばらくは、誰に頼まれたわけでもないのに、家から「何か買っておいで」と言われたのでもないのに、いつも頭の中は「ああいそがしい、いそがしい」の毎日。

ARMY
EXCHANGE
SERVICE
TOKYO
P.X.
Milky Way
WRIGLEY'S
DOUBLEMINT
CHEWING GUM

近所の誰かに「石鹸がいるんだけど……」などと頼まれようものなら、「待ってました」とばかりにとんで行って、塀の上に向かって、今度は堂々と、

「ハロハロー、ハブユーソープ。ハウマッチ」

　まるでこれが天職ででもあるかのごとくふるまう可愛気のないサザエさんちのカツオくんであった。

　そのころ手に入れられた品々の中では、例の箱入りのアメリカ軍携帯食がなつかしい。

　大きさは今のＶＨＳのビデオテープ二個を重ねたほど。かっちりしたボール箱には、迷彩《めいさい》というのか、三越デパートの包装紙風の模様がついていた。緑が「ブレクファスト」、青が「ランチ」、茶色が「サパー」で、「ディナー」というのもあり、これがいちばん上等だった。中身は、今ならシーチキンの小さい方の缶ぐらいの缶詰が一個、クラッカー、もしくはビスケット十枚ほどのパック、煙草四本（街頭で試供品をもらうと思い出す）、粉コーヒー、粉スープ（そう呼んでいたが、つまりはインスタント）、チューインガム、チョコレートなど、それぞれ少しずつ違っている。スプーンとフォークは板をくりぬいてできていた。戦場で食べるものにしては、どの箱にもかならず厚手の紙ナプキンが入っていて、これを見た日本人は皆、「何と文化的な……」と感

心したものだ。携帯食はさすがに値段も高かったので、そうおいそれとは買えなかったけれど。

私がいちばん好きだったのは〝ハムエッグ〟と呼んでいたものだ。今思えばランチョンミートに炒り卵をまぜたような缶詰、子供に向いていたのかもしれない。ピンクと黄色の取り合わせが、まるで桜の木の下の菜の花畑のようにきれいだった。

最悪だったのは、粉スープ。初めて飲んだときは「ギャッ」と言った。いくらスープだと説明されても、そのころに〝マギーブイヨン〟みたいな味をスープだと信じることなどできるわけもなかった。量を増やそうとお湯を入れすぎたせいであったかもしれない。

名古屋の片田舎でも、食糧は欠乏していた。それでも野菜などは近くでとれていたから、母たちは少ないコメをごまかすためにオカユや飯を炊くときに混ぜる芋とか豆、それに青菜やら卵を手に入れることにはそれほど苦労してはいなかったようだ。この守山という場所は、都会と農村のちょうど中間というところなのだ。

そしてわが一族の炊事場のエースは、誰が持ってきたのかそのころには珍しい一キロワットの電熱器である。ただし夜なのを忘れてスイッチを入れるとヒューズがとぶのはしょっ中だったし、ニクロム線も古いものだから切れてばかりいた。それを修理するのは私の役目で、理科には弱いくせに根がおせっかいだからこの二つにはまるでベテラン電気工のようにもっともらしくふるまって小さい子たちに尊敬されていた。ヒューズもニクロム線もただつなぎなおすだけだったのだが。

配給の小麦粉やトウモロコシの粉などは、もっぱら蒸しパンにしていた。ところがある日、母が名古屋に出かけたついでに、闇市か何かで買ってきた「パン焼器」なるものが、新兵器としてわが家に登場したのだ。

20センチ×15センチ、高さ15センチほどの四角い木箱。昔、アイロンが入っていた箱、あれに似ていた。

箱の内側には金属板が張ってあり、短めの電気コードの先にソケットがついている。ただそれだけ。チャチといえばひどくチャチだが、シンプルというならみごとにシンプルなのだ。

イースト菌は簡単に手に入ったから、それを水で溶いて、練った小麦粉などによく混ぜる。ある時間ねかせておいて、いよいよそれを箱の中に半分ぐらいまで入れてふたをかぶせ、小さい子たちが息をつめて見守る中を、職人頭の私がおごそかにソケットをコンセントにさしこむのだ。基本的にはパン屋の手順とそう変わりはないと思うが、目盛りのようなものがまったくついていないし、内心不安だった。

皆で待つこと小一時間ぐらいか。出来あがったら、箱の四隅のフックを外す。四方へぱたんと倒せるようになっていた。出現した作品をうやうやしく眺める。黒焦げだったり、生焼けだったり、試行錯誤をくり返し、ときどきビリッと感電しながらも、ついにはなかなかのパンが作れるほどにまでなった。

「買出しに行かなくてすむだけ、守山はましよね」

母はよくそんなことを言った。都会では田舎に買出しに行かなければ芋でさえ手に入れにくいし、やっと買えたとしても、運が悪ければ帰りに警察の一斉取締りにあってあえなく没収されてしまう。そういう話もよく聞かされた。

だが守山には、買出しに行く人も来る人もいなかった。駅前の交番裏の空き地では、お巡りさん同士がサーベルを抜いてチャンバラゴッコをしていることさえあった。子供心にも「おまわりさん、たるんでるなあ」と思ったものだ。

しかしそれにしても、アメリカ兵たちはどうしていろいろな品物を売ってまでして、日本のお金なんかが要るんだろう？

これは、子供にとっては大いなる疑問であった。石塀の下に集まる常連の大人たちに訊いてみたことがある。

「みやげものを買う金が欲しいのさ。日本人形やら着物やらなあ。それにわしらがチョコレートや缶詰を食いたがるように、奴《やっこ》さんたちは、どうしてだかサツマイモが大好物でよう、あれをとても欲しがるんだわ」

どの人も思慮深そうで、表情も口調もおごそかだし、それに何といっても私の英会話の先生方だ。一も二もなく納得してしまった。

以来、アメリカ人というものは無類のサツマイモ好きであると信じこんで、人にも吹聴《ふいちょう》し、それは六年ほどのちに米軍基地へ働きに行くようになったときまで変わらなかった。

ジェームズ・カーンにもらったサンドウィッチ　1946

鎌倉市材木座光明寺、これが新しい住所。

早く東京に戻って住む家を探し、新学期からはきょうだい三人を休学している小学校へそろって復帰させる。——母のこの希望はなかなか実現しそうになかった。父とはどう話し合ったかは分からないが、だったらせめて、東京には近いし自分の姉一家が住む鎌倉までと、東京好きの母の頭にはそれしかなかったのだろう。

名古屋からいっきょに東上して神奈川県。材木座の海岸から少し入ったところに、小さいけれど、しゃれた洋館を見つけてきて、母子四人の借家住まいがはじまった。実際にそうだったかは別として、それは咲きこぼれる雪柳の白い花にかこまれたチョコレート色の美しい家として、私の思い出の中にそのまましまいこまれている。

ここではもう、毎日遊んでばかりというわけにはいかない。私は妹弟と一緒に、鎌倉駅に近い市立第一小学校へ通うことになった。通学時間は徒歩で二十分ぐらいだったろうか。

母のいちばん上の姉である〝鎌倉の伯母さん〟は、眼鏡をかけた温厚な戦争未亡人。珊瑚《さんご》海《かい》海戦に小型空母の艦長として出撃し、戦死してしまった海軍中佐の伯父のことは、父亡きあと猛勉強して海軍兵学校に入った二人の従兄弟《いとこ》たちのこととともに、幼い私にとってさえ自慢のたねであったのだ。

その伯母の家は、横須賀線の線路を渡ればすぐ、私たちの家から歩いて十五分ほどで行ける大町名越《おおまちなごえ》にあった。近くに住む横山隆一画伯直筆の、軍艦をあしらった〝フクちゃん〟の絵の額は、何度見ても子供の私にはうらやましくて仕方なかったし、夏になると庭いっぱいに咲く鳳仙花《ほうせんか》が、いかにも古都鎌倉を愛した海軍軍人の質実な住まいという印象を強めていた。

新しく通うようになった小学校で、国語の時間に書いた〝綴り方〟を、生まれてはじめてほめられたのに仰天し、やがて朝礼のとき全校生徒の前で朗読させられるやにわかに調子づき、実業之日本社刊の雑誌『赤とんぼ』に投稿までした。その発表を待ちこがれて三月後、選外佳作の欄に小さく「小坂一也（鎌倉市）」とだけ印刷されているのを発見した。ただそれだけなのだが、毎日いく度となくページをひろげては、

赤とんぼ
12月

その活字に見惚れていたものだ。選者川端康成。この大作家の名を初めて知ったのもこのときだった。

今も昔も、ハデというなら鎌倉の海水浴場は由比《ゆい》ヶ浜である。私たちの住んでいた材木座海岸は、その点ではちょっと劣るだろう。

当時、由比ヶ浜には進駐軍専用の遊泳区域があり、金網の向こうにしゃれたビーチハウスも建っていて、大勢のアメリカ兵たちを見ることができた。

第一小学校は由比ヶ浜からすぐ近くのところだから、アメリカ好きの少年としてはここを避けては帰れない。鎌倉に来ても進駐軍見物は私の日課のひとつとなった。

ただ残念なことに、ここにやってくるアメリカ兵たちは海で遊ぶのにいそがしくて、名古屋のときのように何か品物を売ったりはしてくれないのだ。それでも、アメリカ兵を見物することは何といっても面白い。

守山での、石塀の上にずらりと並んだ戦闘服たちとはまた違って、鎌倉では金網の檻の向こうでパンツ一丁たちが跳ねまわっているのだ。肌が白いから、やけに日焼けは目立つし、胸や脛《すね》にならまだ分かるが背中にまで毛がいっぱい生えている。そのうえ姿勢はいいし、頑丈そうだし、同じ人間なんだということは知っていても、つい別の生き物に思えたりもしてしまう。「シンチュウグン（原産地アメリカ）」とでも書いて立て札しておきたいぐらいなものだ。

その連中の発する、笑い声、さけび声。ひときわかん高いのは、オトモダチの日本人女性たちのもの。彼女たちだってこちら側の普通の遊泳区域で泳いでいる女性たちとは、まったく別の種類だろう。公衆の面前で、あんなにけたたましくジャレ合うことひとつとっても——つまり新種だ。私は勝手にそう決めつけながら見ていた。

波打際には、五、六人は乗れるほどの、今まで見たことのない大きなゴムボートや、一人用の細長いゴムマットがずいぶん沢山持ち出されている。どれも軍隊用の濃いグリーンで、それがかえって、ご禁制品というか、とても日本人には手のとどかない貴重品の感を強くしていた。

誰かに呼ばれたような気がしてそっちを見た。近づいてきたのは、ハデな水着のハデな女性たちの一人。見覚えないなあと思いつつよくよく見たら、「あれっ！」近所に住んでいて、道で会えば愛想よく挨拶を返してくれる、まあまあ顔見知りのオバサン、というかオネエサンというのか、とにかくその人だったのだ。

「あ、コンニチハ」

「何してるの、ああ、学校の帰り?」

「えっ！　うん、そう」

七月の太陽は急にジリジリと強くなったみたいだ。汗がどっと吹き出た。水着の成人女性と相対するのは五年生にとって面映《おもは》ゆすぎる。「やっぱり逃げだそう」と思ったとき、そのうしろから「ペラペラ」と晴れやかに男の声がした。これが名古屋以来久しく聞かなかった〝アメリカ兵のアメリカ語〟。オバサンも慣れた調子でやりとりしていて、にわかには立ち去り難いほど魅力的なムード。

私を見て、なんとかかんとかでブラザーとかいってるのは「私の弟よ」という意味なのだろうか？「いいかげんだなあ」なんて考えていたら、近寄ってきたこれまた体中毛むくじゃらのそのアメリカ兵、ニコニコうなずきながらさらに「ペラペラペラ」。そして手に持っていた食べかけの大きなサンドウィッチを私におしつけると、オバサンの肩を抱くようにして海の方へ去っていってしまった。

今思えば、あのアメリカ兵は、映画「シンデレラ・リバティー」のジェームズ・カーンにそっくりだった。

それにしても、もらったサンドウィッチのふっくらしたパンの白さ、まじりけのなさ、それにも増してパンより分厚いぐらいのピンク色のハムの旨《うま》さ。ジェームズ・カーンが出てくる映画を観るたびに必ず思い出すのが、四十年前の由比ヶ浜と、潮風に吹かれながら食べたあの豪勢なアメリカン・サンドウィッチなのである。

鎌倉に移ってきてまもないころ、預金封鎖とか新円切り替えとか、むずかしい言葉をよく聞かされるようになった。それがどういうことなのか子供の私たちにはよくは分からなかったが、今までのお札は使えなくなり、銀行に預けてあっても自由に引き出せなくなって、これから一人につき百円だけを新しいお金と取り替えてくれるのだそうだ。

「家は四人家族だから、四百円か？」

そして子供心にも不思議に思えたのは、十銭とか五十銭とかいう小銭はその限りにあらずということ。だが実際にそうだった。

いつまでこれが続いたのか？　とにかくその新円切り替えの日がきた。ところが新円の印刷が間に合わないとかで、銀行からもらってきたのは1センチ×2.5センチぐらいの細長い小さな証紙何枚か。

母は旧いお札の右上に、手紙に切手を貼るようにして金額に合わせてその証紙を貼っている。たとえ四百円ほどとしたって、家中のお金を全部いっぺんに見たことなどなかったから、私も気が大きくなった。これからはこれだけが頼り、ということなどすっかり忘れてしまってついうっかり母に、

「ねえねえ、長谷《はせ》の方に蜂蜜の大きな瓶詰売ってるところ知ってるよ」

と言ったら、いとも簡単にその貴重な金のいくらかを渡され、半信半疑のままとん

でいって、証紙を貼ったほやほやのお札をその日のうちに使うという貴重な体験? をしたが、蜂蜜売ってる店のオジさんも「もうこの金使うの!」と驚いていたし、私も自分で言い出しておきながら、母の浪費っぷりが何だかおそろしくさえあった。

「双葉山、最後の土俵入り!!」

子供の気をそそらずにはおかないこんなポスターが、鎌倉の町いたるところに貼り出されていた。

前の年の暮れ近くに引退した六十九連勝の大横綱、双葉山一行の興行が由比ヶ浜であるらしい。「何とかキップを……」と思って母に頼んだのだが、これはダメだった。

「引退したおすもうさんが土俵入りするのを、子供が高いお金はらって見にいくなんて、いくら双葉山でももったいない」

浪費家の母にしては、大義名分は立っている。しかし私にはその反対が理不尽なものにも思えた。母はべつに相撲がきらいなのではない、むしろ輝昇、柏戸、死んだ松《まっ》浦潟《うらがた》などの美男力士を応援し、同郷の鯱《しゃち》ノ里には、とくに熱を入れていたぐらいなのだ。

でもまあしかたなかった。ダメといわれればそれまでだ。

当日、朝早くからふれ太鼓が鳴りひびき、由比ヶ浜には、テントやら丸太やらむしろなどで組みあげられた〝鎌倉国技館〟が堂々と姿を現わしたのだが……。

切符を持たない小学生などには、中を覗くことなどとてもむりだったので、私は一緒に行った近所の子たちとその周囲をウロウロキョロキョロするばかりだった。

「あ、来た来た！」

「え、どこどこ？」

「あっ！」

海岸通りの向こうから、弟子二、三人従えて、けいこ回しに浴衣《ゆかた》をはおった双葉山が、ゆっくりと砂浜へ下りてくる。

「おわーっ、でけえー！」

「双葉山だ、双葉だぞーっ！」

ワイワイ、ワイワイ、大騒ぎしながらくっついて歩いたのだが、双葉山はニコリともせず、子供たちのはしゃぎぶりなどどこ吹く風といった様子で悠然と天幕の中に入っていってしまった。

こっちの興奮はなかなか消えない。天幕にらんで立ちつくしていたら、うしろからやってきたやせた老人がうす笑いしながら、

「いまのは双葉山じゃねえよ、ありゃ鏡里だ」

と教えてくれた。

それ以来、鏡里の名を聞くとなんとなく照れくさく、また煙ったいような気持になったものだ。そして、大一番に勝ったときなど、「よし」と小さな声で言うことはあったが、横綱鏡里を大っぴらに声援したことはいちどもなかったと言っていい。

鎌倉駅の正面近く、小さな模型屋さんがあった。今ならプラモデル屋というのだろうが、そのころにプラモデルのことばはない。大人のための趣味の店といった方がいい、いつでも立派に完成した船や飛行機の模型が陳列されていて、その前を通るたびに「すごいなあ」と感心していたものだった。

ある日、そのショーウインドウにジープが二台並べて置かれてあるのを見つけた。色も型も、街でよく見かけるアメリカ軍のそれとそっくりにできていた。小さいし、船や飛行機にくらべると豪華さはないけれど、何といってもアメリカ軍を象徴する〝ジープ〟である。ちょうど一緒にいた三歳下の弟と私は、かなりの長い時間、ウィンドウにへばりついて、そのジープに見惚れていた。

駅から二十分以上かかる帰りの道でも、二人は夢中になってジープの魅力について話し続けた。家についても、うす暗くなった居間で夕食のできるのを待ちながらも、話題はいつまでもジープの模型からはなれることがなかった。

「いくらしていたの？　それ」

母がたずねた。

「一円五十銭」

少しだまっていたが、母は、

「買ってらっしゃい」と三円出してくれた。

転がるように私たちは走った。

鎌倉駅までの道は、早く早くと二人をせかせるようにどんどん暮れていく。小さかった弟にはさぞ苦しかっただろうに、それでも置いていかれては大変だと、必死でついてくる。

息をきらせながらのぞきこんだ模型屋のショーウインドウに、二台のジープは、さっき眺めたときのまんま、静かに私たちを待っていてくれた。なんという嬉しさだったろう。

それなのに、私たちはジープを買っては帰らなかった。

兄きである私が、値札を見まちがえたのだ。ジープは、一台十五円とあった。

もうまっ暗になった夜道を戻りながら、弟はなにも言わなかった。まだ小学校の二年生だったのに、三つも年上の兄になにも言わなかった。涙もこぼさず、といって怒ってふくれたりもしなかった。ただだまって兄に並んで歩いていた。

私は今でもあのときのことを思い出すと、泣きたい気分になる。小さかった弟が不《ふ》憫《びん》でならない。十五円のジープについて懐かしく語りあいたいのに、その弟も、もうとっくにこの世にはいないのだ。鎌倉の駅前にも模型屋はない。そこには今、「カトレア」という喫茶店を一階にしたビルがそびえ立っている。
「鎌倉や御仏《みほとけ》なれど釈迦牟尼《しやかむに》は美男におはす夏木立かな」(与謝野晶子)
鎌倉のおみやげ屋のどこにでもかかっているこの歌に、しみじみするぐらい私も年を重ねてしまった。

「ベイスボール、ベイスボール」　1947〜48

やっと東京にもどってくることができたのは、昭和二十二年になってからである。場所は渋谷区代々木上原、今度の家は駅から五分足らずという近さ。休学していたもとの学校にも首尾よくきょうだい三人そろって復帰できた。学校までは小田急に乗って駅九つ、三十分ほど。そのころはまだ上原に急行は停まらない。

三軒先に偶然同級生の家があった。毎朝先に家を出た方が相手の家の前で名前を呼び、仲良く肩を並べて学校へ行く。「ワカバヤシくーん！」などと可愛げな声を張り上げる、あれだ。

帰ってくるのもたいてい一緒だった。これは、近所の子たちが集まっての子供野球のためである。子供野球は、今の少年野球のようにちゃんとしたものではない。大人なんか誰も関与していなかった。

どこでもそうだったのだろうが、一人だけ、中学二年生で野球も上手、おまけになんでもよく知っていて、しかもめっぽうイセイのいいお兄さんがいた。これが監督兼オーナーで、ときどきチームを引率して六大学野球を見学につれていってくれたりもする。

行くのは神宮球場が多かったが、あの辺りはメモリアルパークという名でアメリカ軍に接収されていたためか、学生野球も自由には使えなかったようだ。上井草球場も使われていたようだし、伝統の早慶戦ですら後楽園でやらざるを得なかったりしていた。その早慶戦をぎっしり詰まった後楽園の外野席の、それもいちばんてっぺんから観た思い出がある。

その試合だが、左足をやたらに高くあげる豪快な投球モーションで鳴らした早稲田のエース岡本、その豪快さゆえに、ユニフォームの股のつけ根が破れてしまい、ズボンをはき替えるあいだゲーム中断したことだけをよく覚えているが、勝負については、どちらが勝ったのか、たぶん慶応だったと思うがさだかではない。

職業野球と呼ばれていた一リーグだけのプロ野球を初めて観たのもこのころだった。これも後楽園球場だ。

一日に四チームを見ることのできるダブルヘッダーが普通で、ジャイアンツ、タイガース、セネタースス、グレートリング、ゴールドスターなど八球団でリーグは構成されていた。阪急や中部日本には、まだ英語の呼び名がついていなかった。中部日本にいたっては、〝CHUBU〟と〝NIPPON〟のアルファベットが上下二列でユニフォームの胸にひしめいていたものである。

明治四十年生まれの私の父親は若いころ、アメリカへ渡って向こうの大学に入り、ゆくゆくはそこで何か事業を成功させたいという夢を持ち続けていたようだ。そのことで祖父としつこく渡り合い、結局は果たせなかったのだが、それをのちのちまで悔しがっていたほどのアメリカ好きだった。

「世が世なれば俺の息子は青い眼だったかもしれないのに」

自分の子供に向かってそんなバカなことを言ったほどだから、今度は長男である私にその夢を託そうともくろんだ。

父は、アメリカ通の友人に依頼して、私をその人の家に住み込ませて、まず英語とアメリカについてのいろいろを勉強させるということを思いついたのだ。

友人といっても父よりだいぶ年上の、当時、日本野球連盟（これが職業野球の正式な名称）の副会長、鈴木惣太郎《そうたろう》さんその人だった。

鈴木さんはコロンビア大学に学び、アメリカ生活も長く、戦前から日米野球の架け橋としてプロ野球界に貢献し、のちに野球殿堂入りされたほどの人である。

夏休みになってすぐのことだった。身のまわりのもの一式を入れたカバンを持って、父につれられて、昼下りの東横線に乗った。

横浜で市電に乗りかえ、終点で降りた、そこは間門《まかど》という停留所。電車が折り返すからその分少し広くはなっているが、道路はそこで行き止まり。左には海が見えていて、反対側の樹木の多い丘の上には、何軒かの家がポツポツと建っている。閑静ではあるが、昼日中にしてはむしろさびしいといった方が早い。かなりの急坂道を上っていくと、斜面に沿って鈴木さんの家があった。

小津安二郎の映画によく出てくる湘南の家といった趣きだが、あれほど純日本的ではなく、といって洋風なところなどもないのに、何となくアメリカの匂いがした。

磨きぬかれた板張りの部屋や廊下、アーリーアメリカン風の布張りのソファーやカウチのせいだろうか。それとも壁一面にかかっているベーブ・ルースやルー・ゲーリッグをはじめとする大リーガーたちとのサイン入り記念写真やサインボール、ペナント、読めはしないが表彰状らしい額などのせいだったのだろうか。

ベランダにまで置かれてあるさまざまな観葉植物の鉢も、ゴムの木ぐらいしか知らない私の目には、なんともエキゾチックに映ったものだった。

鈴木さんとは、これまでにも何度かお会いしてはいたが、いつでも話は野球についてのことばかりだった。子供野球のことも訊かれて、

「キャッチャーをやっています」

と答えただけなのだが、

「ほう、こんな小さな子がキャッチャー！　いや、小さいうちからキャッチャーが好きとはめずらしい。将来が楽しみだなあ、ねえ」

などと、まわりにいる日本野球連盟の、いずれも野球の専門家ばかりなのに、その人たちへ同意を促す。キャッチャーやっているといっても、誰もなり手がいないのでいやいややらされてるだけだし、だいいち小学生の野球の、それもとくにオソマツなレベルでのことなのだから、バツが悪いなんてものじゃない。

だが鈴木さんは、大リーグのどこそこの、だれだれというキャッチャーは、小さい体ながら努力して、ついに偉大なプレーヤーと言われるまでになったなどと熱っぽく話すので、私は早くこの話題から逃げたくてあせったものだ。

さてその日も、子供のない鈴木さん夫妻は、とても喜んで私を迎えて下さった。

夕映えの横浜の海を見下ろすダイニングでの食事のとき、「これを持っていなさい」と渡されたのは、なんと、後楽園球場ネット裏のシーズンパス、しかも三枚。

「ここの家の子供になりたい！」

と心底思った。

それから二、三日たったある朝のこと、

「カズヤくん、英語の勉強なんだがねえ」

鈴木さんが一冊の本を持ってこられた。これが厚さ四センチはあっただろう、活字こそやや大きめだが、日本語なんてどこを探したってまったく見当たらない。表紙がアメリカの子役スター、シャーリー・テンプルの写真だから、テンプルちゃんの伝記のようなものなんだなとは察しがつくが、あとはチンプンカンプンである。

「この本をね、まず私が読むから、君はそのあとから私にならってついてきなさい。最初は少しずつ、そうだな、毎朝涼しいうちに二、三ページずつやっていこう」

「はい……」

忘れもしない、その本の出だしは、

「ナウ・スィットアップ・コオキィー」

というのだった。今考えると〝NOW SIT UP CORKY〟とでも書いてあったのだろうか。スペルも意味も皆目分からないのだから、鈴木さんの真似をして「ナウ・スィットアップ・コオキィー」と続けるだけ。毎朝のこの〝おつとめ〟は、私にとって辛くまた退屈きわまりないものだった。いく日か続けていれば慣れてきて少しは面白くなるかもしれないと、かすかな期待もいだいたが、内容を訳してもらえず、ただオウムの真似をするだけなのが面白くなるはずがない。朝が来るのが憂鬱になっただけだ。

それでも、朝の〝おつとめ〟が済みさえすればあとはもう自由だった。ちょっと遠いが水道橋までは二時間弱、そこへ行けばネット裏のシーズンパスがある。

夜は夜で、壁にかかった大リーガーたちについての話を聞かせてもらえるのも楽しいし、落ち着いたアメリカン・スタイルの部屋も気に入っていたし、まったく朝さえなければ万万歳なのだが——。子供心に悩んだあげく、がんばることとわずか一ヵ月足らずで、心底この家の子供になりたかったはずの私だが、とうとう父に懇願して家に帰らせてもらった。

鈴木さんはとても残念そうだったし、父はそれ以上であった。まあとにかく親子二代の、アメリカン・ボーイになる父の夢は、こんなことでおしまいになってしまった。しかし、嬉しいことに後楽園のシーズンパスだけは翌年もちゃんと届けられ、私は優雅な野球見物をずうっと続けることができたのだ。バチが当たりそうな話である。

連日学校帰りに野球好きの友達をさそい、ときにはそれが教師だったりもした。私がそのころに観たプロ野球のゲーム数は、評論家や記者たちのそれと、あまり変わらなかったのではないかと思う。

野球とは呼ばずに、いつも

「ベイスボール、ベイスボール」

と「ベイ」が妙に強調された発音で熱っぽく話されていた鈴木惣太郎さんを、申し訳ない気持とともに、今、懐かしく思い出す。

私がプロ野球を初めて観たのは、まだ鎌倉に住んでいたときのことだったかもしれない。なにしろセネタースのファンだったのだから。

初めて観たプロ野球の試合で、勝ったチームがセネタースだった、それだけの理由でファンになってしまったのだ。今と違ってどの球団もユニフォームは一種類だけ、ほとんどが白かグレー地だった。そんな中で、紺色のユニフォームを着た〝青鞜《せいとう》セネタース〟は、小学生の私にもすごく粋なチームに思えたものだ。

ピッチャー白木は、ゴロを捕るとキャッチャーに投げる。投─捕─一、でアウト。そんな人をくったようなプレーも嬉しかった。今の解説者が見たらどんなにガタガタ言うだろう。そんなことをすれば苦情の電話や投書が山ほど来るにちがいない。白木投手の青少年に与えた影響は大きかった。私たち小学生はこぞって真似をしたものだ。赤バットも青バットも子供たちに大流行だった。

今、ネックレスをして野球する選手が多いからといって、それを真似する子はいないだろう。少年はいつもカッコいいことにだけ、影響をうけるものだ。

そのときのセネタースの監督は、二塁手苅田久徳だった。ゴロのさばき方、ベースカバーの仕草も、すこぶる付きのカッコ良さだ。主軸選手の名前も、白木《しらき》と黒尾《くろお》がピッチャーで熊耳《くまがみ》というキャッチャー。野手にも一言《ひとこと》、長持《ながもち》と、みんな一風変わっていて面白かった。

そして何といっても、二十本も打ってホームラン王になった青バットの大下弘。ライトスタンドに高々と舞い上がるあの悠然たる打球は、赤バット川上の弾丸ライナーよりも、はるかに私をうっとりさせてくれた。

ホームラン賞に贈られるロッカサイダー（たしかそんな名前だった）一ダースとか、何とかチューインガム一箱といった場内アナウンスを聞くたびに、「野球選手ってうらやましいなあ」と真剣に思ったものだ。

左右両翼のポールの上部に、オリジナル香水と書いた直径一メートルぐらいの円い看板がかかっていて、それに当たったホームランには三千円の賞金が出るというのもあった。半分はフェアでも半分はファウルなのにどうしてだろうと、よく分からぬままに要らぬ心配をしていた。

シーズンにさきがけて、今だったらオープン戦にあたるのだろう、そのころは、三月の末近くに〝読売旗争奪戦〟というトーナメントが後楽園球場で行なわれていた。長い冬のあいだ野球に飢えていた人々が、試合開始の何時間も前から続々詰めかけてきて、フリーバッティングからシートノック、ブルペンでの投球練習を見守る光景は今と同じである。

違っていたのは、そんな合間を流れるBGMのすごさだ。今ならエレクトーンの演奏もかろやかに、というところを、当時はパチンコ屋もびっくりというほどのボリュームでひびき渡る歌謡曲のレコードなのだ。なかでも笠置《かさぎ》シヅ子の「ヘイヘイブギ」とか〝サクラ咲いた咲いたブギウギー……〟ではじまる「サクラブギウギ」が、この時期のファンの気持にまさにぴったり。選手たちの動きも、笠置シヅ子の歌声にのって、リズミカル、かつまたダイナミックに見えてきたものだった。

〝野球くじ〟というものがあった。

もちろん正規に売り出されていたもので、一枚十円だった。私は小学生だから当然買うことはできない。それでも手はあった。毎日のように球場へいっているうちに知り合いになった、今でいえばギャル、野球選手ファンのオネエさんたちに頼んで、そのまた知り合いのオジさんなどに買ってもらったことが何回かある。

くじは、赤と白に分かれていて、それぞれに、一六《いちろく》型、二七《にいなな》型、三八《さんぱち》型、四九《よんきゅう》型、五零《ごーぜろ》型の五つのパターン、つまり赤白合わせても十通りしかない。

試合前に「本日の第二試合、ジャイアンツは赤、タイガースは白でございます。お早くお買い求めくださーい」といったウグイス嬢の場内アナウンスがある。

勝ちチームの色と、両軍の得点を合計した数が合えば当たりで、たとえば巨人が四対一で勝てば合計得点は五だから、この試合は赤の五零《ごーぜろ》型が的中。七対三でも六対四でも合計は十点だから、このときは下の桁だけとって、これもやはり五零型。合計が十一点なら一六型になるのだ。

阪神が二対一で勝ったとなれば、白の三八型だし、その券をにぎりしめ九回までできて、「これでよし」と思っていたのに、藤村兄がもう一本ホームランを打ったりして、阪神三対一となったりすれば、当たり券は四九型へと移行してしまう。さらに巨人もその裏、一点返したが及ばず三対二で終ったなら、当たりは白の五零型へという按配だ。

試合が終了すると、

「三対二で阪神タイガースが勝ちました。野球くじは白の五零《ごーぜろ》型が的中でございます。配当金をお知らせします……」

そんなアナウンスが入ってメデタシメデタシ。

しかし、十通りではそれほどの大穴が出るわけもない。売行きも良くはなかっただろう。三年でこの〝野球くじ〟というものは廃止になってしまった。

日本国中いたるところに、〝進駐軍専用〟はハバをきかせていた。戦争に負けたんだからやむをえない、全部じゃないだけでもよしとしなければ。それがほとんどの日本人の考え方だったし、そういう時代だった。

電車、汽車、映画館、ホテル、裁判所、刑務所。ゴルフ場から海水浴場。競馬場にだって〃進駐軍専用〃はあった。プロ野球はアメリカの国技のひとつだから、当然後楽園球場にも進駐軍の席はあったのだが、日本のプロ野球を観ようという兵隊は案外少なかった。

それでも後楽園名物といったアメリカ兵がいた。陸軍サンだった。二人組でしょっ中やってきて、お互い別々のチームを応援するのだ。チャンスをつぶしたときなど帽子を叩きつけてくやしがる。もう一人は両手を高くかかげて喜色満面、後方の日本の観衆に向かって深々とおじぎをする。日本人たちがそれを囃《はや》す。まるでアボット、コステロの凸凹コンビそのままだ。私は彼らから野球見物のもうひとつの楽しさを教わった。

都合でおそくなったのだろう。三回ごろから進駐軍席に彼らが登場するときがある。満場から、時ならぬ拍手と大声援が起こったりしたものだが、選手たちもなれたもので、大して驚かずにプレーを続けていた。

RESERVED FOR ARMY PERSONNEL
進駐軍専用席

シアーズ・ローバックのオーダーブック　1948～50

京王線と井の頭線が交差する明大前の駅から甲州街道を渡り、明治大学予科の正門前を右に折れると、桜上水に沿って小道が続く。さらに進んで井の頭線をまたぐ陸橋を越えたらすぐ左へ、線路を見ながらダラダラ坂を下っていくと、下りきったところには変電所、そのまん前の角地が杉並区和泉町四六六番地。

人に話すほどの大した出来事ではないが、家庭の事情もまあいろいろあって、そのころのわが家はここに引っ越していた。

中学生になった私は、もう以前ほどプロ野球を観にいくこともなくなり、放課後はわりとまっすぐ帰宅することが多くなっていた。

それでも野球は好きだった。家の前の踏切りのすぐ向こう側の丘の上には、明治大学野球部のグラウンドがあったから、よく練習を見に行ったものだ。そのときのエースはのちに大映スターズで活躍した小川善治。フォークボールで一世を風靡《ふうび》した杉下茂も見たけれど、たしかまだ一塁手兼控え投手だった。「ずいぶんオジサンみたいな大学生だなあ」と思ったことだけを覚えている。明大グラウンドは立派な球場だった。

戦後とはいえ、もうこのころには物もかなり出まわりはじめ、金さえあれば手に入れられるようになってきていたし、中学に入り、男女共学のせいもあって、色気づいてきた私は、衣服、とくにアメリカ製の鮮やかな原色を使ったものに強くあこがれるようになった。

父の知り合いにアメリカの軍人（日系二世だった）がいたからだろう、わが家には『コリアーズ』、『エスクヮイア』、『ライフ』、『ルック』、『ポスト』などといったアメリカの雑誌が沢山あった。それを眺めるのが楽しみだったのだが、ある日私は、それらにまじって電話帳ほどの大きさの、夢のような本があるのを見つけた。「シアーズ・ローバック」のオーダーブックだ。

この世の中に、これほどまでに凄い品々があるのかとびっくり仰天した。戦前の人ならいざ知らず、昭和十年生まれの少年にとっては、これはカルチャーショックなんていう生易しいものではなかったのだ。

応接間に陣取り、じっくり調べていった。ジューータン、カーテン、家具類（これはまあいいや)、工具(これもいらない)、釣道具、キャンプ用品(興味ナシ)、台所用品(何だかよく分からない)、大人の服、照明器具(関係ナイ)、銃砲類(面白そうだが、MPにまずいぞと本能的に思う)、女性の下着(時間をかけて念入りに見た)、モーターボート、燭台(こんなものあったってどうする)、——そういったものはともかくとして。

子供用の自転車(いいなあ)、バット、グローブ、野球帽、バスケットのボール(欲しい)、靴、長靴、運動靴(欲しい、欲シイ)。

そうやってあとからあとから、欲しい、欲しいの思いで胸がはじけそうになるほどの品物が続々と目にとびこんでくる。その中でもとくに、色気づいた私の興味をそそったのは、着るもののページだ。

えりに同色の糸でステッチが入り、いちばん上のボタンはループでとめるようになっているオープンシャツ、この色もやはり茶色というのかな? 金茶というのがこれなのかな? 今までに見た茶とはまったく違う、と感服する。臙脂《えんじ》のシャツも色鮮やかだし、水色のもちょっとグリーンがかっていてこれまたいい。青、黒、白のチェック、これぜったい欲しいナ。

ページをめくると、芦の生い繁る水面から飛び立つ野鴨が大きく描かれた、いかにもアメリカ的な丸首セーターが、それもブルー地、ベージュ地と二つ色違いで並んでいるし、インディアンの酋長が横を向いている、このセーターもいい。胸にただAとかRとかがついているだけのジャンパーも、同じアルファベットにはちがいないのにまさに〝メイド・イン・USA〟そのものなのだ。

夕方になり、うす暗くなってきたのにも気がつかずに夢中でページを繰っていた私に、なんと父は、自分たちのものをオーダーするついでに、何か一つ買ってやろうとまるで魔法使いみたいなことを言うではないか。

夕食もそこそこに、重たい本を自分の部屋に運び込んで、栞《しおり》がわりの紙を何枚もはさみながら、第一候補、第二候補、第三候補と、天にも昇る気分で夜中までかかってやっと数点を選び終えたときには、さすがにぐったりした。

ところがどうだ、翌朝、「この中のどれかを」と親に提出した苦心の候補のどれもが、いともあっさりと却下されてしまったのだ。ハデすぎるというのが、その理由だった。あげくに、「これにしときなさい」と、水色地に前身頃だけが水色と白の小さな市松模様になっているカーディガンと、当時まだはいている日本人を見たことのなかったジーパン、その二点に決められてしまった。だが、そのカーディガンは、オーダーブックの中では、なんとも見栄えがしないものだった。

「こんなチャンスを……」。私は涙が出るほど無念だったのだが、二カ月たって届いた実物は、水色と白のコントラストの鮮やかさといい、かっちり編みこまれたシルエットの恰好よさといい、申し分のないほどみごとにハデだった。

カーディガンに鼻を押しつけてアメリカの匂いをいっぱいに吸いこみながら、私は大人たちの〝見る目〟の的確さに素直に感服していた。

しかしそのカーディガンも、一度だけ試しに着せてもらったあとは、よそ行きということで、ジーパンともどもしまい込まれてしまって、何かよほどのときでもないかぎり、タンスから出てはこなくなった。私も何とか口実を考えては着て行こうとしたのだが、出してもらえたのはクリスマスと正月、あとは『野球時代』という雑誌（すぐ廃刊になった）の、少年ファン座談会に出席したときぐらいのもの。

小、中学生十人ほどにまじって、水色のカーディガンで得意顔した私の写真が雑誌に載ったのだが、大事にしていたその切り抜きも、自慢のカーディガンも、いつのまにかどこかへいってしまった。

つい最近まで、渋谷の西武デパートの八階の片隅に、このアメリカ最大手の通信販売会社へのオーダー取扱所があった。なつかしいからときどき行ってみて、展示してあるサンプルの数々をとくと吟味してみたのだが、残念ながら欲しいと思う品物はもう何もなかった。

応接間に積んであるアメリカの雑誌を眺めるときのいちばんのお目当ては、そこに載っている自動車の広告だった。実におどろくほどの種類である。写真だったり、イラストだったり、別世界アメリカのまばゆいばかりの豊かな生活ぶりをバックにして、毎号ピカピカの新車が紹介されていた。私はそれが彼らのごく当たり前の日常生活なのだと思い込んでいた。

例えば、柊《ひいらぎ》のリースを飾った玄関の白い扉、色とりどりのクリスマスプレゼントを山と抱えて帰宅したご主人と、笑顔で出迎える家族たち、その手前にデーンと真っ赤なマーキュリー、というイラストレーション。

釣竿を手に、少年たちがはしゃいでいる。美しい母親が提げている大きなバスケットには旨そうな食べ物がいっぱいだ。跳びはねるポインターのうしろで、赤黒のチェックのジャケットを着た父親が笑っていて、草むらまで乗り入れた車は、木製のドアがついた緑色のフォード・カントリーセダン。これもイラストだった。

写真で印象的だったのは、今思えばサンフランシスコの夜景なのだろうか、遠くきらめく街の灯を見下ろす丘の上に、黒塗りのスチュードベイカー一九四九年型が一台。淡いルームライトに浮かびあがる夜会服姿の男女。どれも夢のまた夢といった世界だった。

ほかの広告とくらべると、車のものだけはなぜかイラストの方が夢があって好きだった。父の許しを得て、私は車の広告のページを切りとって自分の部屋の壁に貼りめぐらせた。そして毎日飽かず眺め入っていたものだ。

シボレー、ポンティアク、オールズモビル、ビュイック、キャディラック、プリムス、ダッジ、デソート、クライスラー、フォード、マーキュリー、リンカーン、そして、ハドソン、パッカード、スチュードベイカー、ナッシュ、カイザー、フレイザー、はてはウイリースのジープまで——。

なかでもフォードの一九四九年と、スチュードベイカーの流線型のボディが斬新なデザインに思え、この二つが私のごヒイキだった。

それからしばらくすると、わが家の近くの甲州街道にも、府中や立川あたりにいるアメリカの軍人たちのものだろう、そういった新車が、軍のナンバープレートをつけて往き来しているのを、実際に見ることができるようになった。

広告だけでは飽きたらず、甲州街道と井ノ頭通りが交差するところの道路脇にしゃがみこんで、誰に命令されたのでもないのに、フォード何台、シボレー何台などとノートに〝正〟の字を書きつらね、勝手に交通量調査をやりながら毎日を送っていたときもあった。たまにパッカードなどが走ってこようものなら、珍種の蝶でも見つけたように胸が躍ったものだ。

最近のアメリカ車の凋落《ちょうらく》ぶりは、さびしいを通り越してがっかりだ。雑誌に見る

Sleek...
and look
Beautiful Chrysler

車の広告も、写真を使ったものがほとんどで、夢のカケラもないようなものが多すぎる。アメリカならではのボディカラーもあったはずだ。ピンクのキャディラック、ターコイズブルーのT《ティー》バード、金茶色のビュイック。日本の車にも似たような色はあるが、こればっかりは、アメリカの色に追いつけていない。そういうことも含めて、メンテナンスさえもう少し良くなれば、まだまだアメ車に乗りたいと思っている人は多いと思うのに。少なくとも私はそうである。

シベリアに抑留されていたジャイアンツの水原が日本に帰ってきたのは、昭和二十四年の七月だった。中学生の私は、たまたまその日後楽園に行っていて、その帰国挨拶を聞いた、というか見た。

巨人対大映の試合開始前、何か場内アナウンスがあったなあと思ったら、ホームベースの後方にマイクロフォンが持ち出され、白麻の上下を着た坊主頭の人が、万雷の拍手に迎えられて、

「水原……ただ今帰ってまいりました……」

何のことかよく分からなかった。

私の水原茂についての知識は、当時の少年ファンの多くがそうだったように、のちに大人たちから聞かされた戦前の話と、翌年からの巨人軍での采配ぶりを見るように

なってからのものである。

　それよりも、その日の思い出として強く残っているのは、青空の拡がりすぎた暑い日だったこととと、なんでもないゴロを、ショート白石がなんでもなく処理したのにセーフとなって、あきらめていた三塁ランナー、ホームイン、それだけが山場で巨人は〇対二で敗けてしまった、あのつまらなさの方である。


　私の通っていた中学校には、紺の背広に紺のネクタイという制服があるにはあったが、式典以外には着なくてもよく、ほとんどの生徒が自由勝手な服装で登校してきていた。

　ある日、一学年上の生徒が昼休みにジーパンをはいて野球しているのを見た。誰もまだジーパンなど持っていなかったころだから、他の生徒はそれがどういうズボンなのかまったく知らない。それを気にしたりする者はいなかった。

　アメリカかぶれの私は、例のオーダーブックで取り寄せたジーパンを一本持っている。だがそれは親にしまい込まれ、普段には出してもらえない。

「……残念！　先を越されてしまった」

　ジーパンの上級生は、私よりも背が高いし、足も長い。カッコ良くグラウンドを走る彼を眺めながら、私は心の中でさかんに悔しがっていた。

そして帰宅すると、さっそく親に対しての説得工作を開始した。

「ああいうズボンはさあ、よそ行きにはくもんじゃなくて、ホラ……」

アメリカの雑誌を持ち出してきて、子供たちが自転車に乗っている絵や、屋外で遊ぶ姿が出ているページを見せながら、ジーパンは普段の遊び着、むしろ労働着なのだということを力説した。それでも、やっとタンスから出してもらえるまでには三日かかった。

次の日からジーパンで登校したのはいうまでもない。休み時間となれば、野球するわけでもなしに、ただグラウンドをうろうろ歩きまわった。

上級生のジーパンは、はきこなされてちょうどいい感じなのに、こっちの〝リーバイス〟はガチガチの新品、歩けばザザッとこすれて音がするほど。なんとなくまた教室に戻ってきたりして――むろん誰ひとり注目してくれたやつなんていやあしない。

ところが、ところがだ。それからひと月もたたないうちに、どうやって手に入れたのか？　休み時間のグラウンドには、かなりの数のジーパン生徒が見られるようになったのだ。うちの学校にも、けっこう新しがりやのアメリカかぶれが多かったということになる。

秋も深まってきたある日、ジーパン第一号の上級生は、またまた目新しいものを着て学校にやってきた。今度は真紅のセーターなのである。男子生徒が赤いものを着るなんて前代未聞だったから、私もかなりのショックをうけた。

家に帰っても、赤のセーターなどあるはずもないし、はてどうしたものかと、帰りの電車の中でも考えるのはそのことばかり。そして「これだ！」と思いついたのが、〃みやこ染め〃だった。

今もあるのだろうか？　〃みやこ染め〃は当時毛糸などを染める、いわゆる〃染め粉〃として名高いものだったから、使ったことはない中学生の私でも、その商品名だけは知っていた。

毛糸屋さんに入って行き、いかにもお使い頼まれたごとくに「いちばん赤いやつだそうです」などと言って買ってきたのだが、さてと探したら、肝腎な染めるに適当なセーターがない。ベージュのベストならあったので、やむなくそれとみやこ染めを持って、梅ちゃんの部屋に行った（〃みやこ染め〃はたしか〃みやこ〃と書いてあった）。

「まあ、赤ですか？　へーえ、でもうまく染まるかしら、ムラになっても知りませんよ」

梅ちゃんというのは、まだはたち前の気のいいお手伝いさんなのだが、大きな金だらいの中でそのベストを〃みやこ染め〃で煮てくれた。

「お酢なんか入れるといいらしいよ」

とかなんとか言いながら、私もつきっきりで見守る。

細工は流々、染め上がりは申し分ないもので、梅ちゃんに感謝しつつ、翌日から私は赤セーター（いや赤ベストだが）の学園第二号となることができたのだった。

大人になってからの私は、赤いセーターやシャツを敬遠している。この色を着てみてもほとんどの人に「似合わない」と言われる。さぞあのころもと考えるのだが、当時は男が赤を着ること自体奇異に思われたのだから、似合う似合わないは論外で、ただひたすら真紅を着ることに意義があっただけなのだ。とはいうものの、第一号の赤セーターくんの方は確かによく似合っていた。

ジーパンについてつけたすと、そのころは長いからといって裾を切ったりせず、余りが十センチから十五センチぐらいまでなら、外側に一回折り返しただけではいたものだ。これもアメリカの雑誌やオーダーブックからの直伝《じきでん》だった。ジーパンという呼び方もまだなくて、私たちはただ〝ジーン〟と言っていた。

今の若い人がよく着ている、初めから色落ちさせた〝ストーン・ウォッシュ〟は好きになれない。カチカチで折り目がついてしまっていて、鮮やかな藍が匂うような真新しい〝ジーン〟を手にとることこそ、ジーパンを買う醍醐味だと私は思っている。

父が、友人たちとつれだって競馬に行くのにくっついて、府中の競馬場へ二、三度行ったことがある。

まだ最終レースまでにはいくつもあるというのに、有り金全部すってしまった父は、持っていった、そのころはまだ高級品だった自慢の〝ツアイス〟の大きな双眼鏡を、場内のそういう場所で売りとばしてしまったのだ。

今もし、競馬場で金がなくなったとしても、双眼鏡を買い取ってくれる商売なんてありはしない。

いくらでだったかは覚えていないが、子供の私でさえ「いいのかなあ?」と心配するほど安い値段だったのは確かである。

「すぐ買い戻すさ、そういうことだってできるんだから……」

父はうそぶいたが、もちろんそんなうまいぐあいにいくはずがなかった。

ずっとのち(昭和三十七年)になって、初めてアメリカを旅行したときに、ラスベガスに立ち寄った。その空港に、無数の小型飛行機が駐められているのを見た。「セスナの駐機場(?)かな」と思った。ところが聞いてびっくり、なんとすべて中古自家用機なのだそうだ。

〝行きはヨイヨイ〟自家用セスナで飛んできて、バクチですっからかんになったあげく、〝帰りはコワイ〟とそれを売りはらって、ほうほうのていで逃げていったカモたちのものだという。どうしたって新品としか見えない色鮮やかな小型機たちが、飛行場の一角にひしめき合っている。

私にバードウォッチングの経験はなくとも、見渡せば、その数、百機以上とすぐ分かるほど。中古の自動車だって貴重品だった日本からやってきた私は、あまりの眺めに声も出なかった。

スケールこそ大違いだが、バクチで負けるとみんな同じなんだなと、子供のころに父親と行った、府中競馬場を思い出したのだった。

あれは、ミハルオーという名のサラブレッドが大活躍した年の、日本ダービーも間近にせまったころのことである。

イッツ・マジック

1948〜50

You sigh, the song begins
You speak, and I hear violins
It's magic——

ひろびろした芝生の庭の奥には、みごとな植木が重なるようにして繋っている。新芽をいっぱいにつけたヒマラヤ杉の大木がひときわ目立つ。まるで天然のスプリンクラーのように、五月の雨は潸潸《さんさん》と降りつづいていた。

明け放たれた応接間の窓近く、おやつに出されたビスケットと紅茶を前にして私は、電蓄から流れてくるドリス・デイのハスキーな、しかものびのいい歌声に、ただうっとりと聴き入っていた。

「いいなあ、違うなあ、ここの家は……どこか違うんだよなあ」

杉並の私の家にも芝生の庭はある。広さではここと大差変わらない。あんなに大きくはないがヒマラヤ杉も植わっているし、応接間も、この家ほど格調高くはないにしてもちゃんとしたものだ。紅茶もティーカップも珍しいものじゃないし——。

このいい雰囲気がドリス・デイの歌声のせいばかりではないということは、中学生の私にも漠然とは分かるのだが……。

私たちの学校の創立者の孫にあたるサワヤナギくんは、小学生時代からのクラスメイト。彼の家は、お祖父さんの胸像が立っている学校の正門からすぐ近くの優雅な住宅街の一角にある。その日の放課後、私はさそわれるまま、久し振りにそこへ遊びにきていたのだった。

当時、この街のいわゆる〝お屋敷〟と呼ばれるような大きくてしかも洋風な家の多くは、進駐軍の高官とその家族のために接収されていた。元来の持ち主たちは離れに、あるいは物置小屋に、運の良い人たちは家の外側に階段をつけ、そこから出入りして二階に住むなどしていたのに、どういうわけか、サワヤナギくんのところはそうではなかった。

The magic is my love for you…

ドリス・デイの歌声が消えていき、レコードが終った。

「ちょっと」と言って部屋を出ていったサワヤナギくんも、さっきおやつを運んできてくれた彼のお母さんも、いったいどこにいるのだろう。家の中は急にシーンとしてしまった。

カタンカタンとレコードの針が同じところでゆれている音だけが小さく響く。電蓄のところへ行き、重たいピックアップを持ち上げて、どうにか止めた。

雨の日のせいかどうか、この家が匂った。

「どこでだったたっけなあ？」

思い出せないが、たしかに覚えのある懐かしい匂いだ。悪い思い出、ではないと思うのだが……思い出せない。

ターンテーブルの上で静止しているSPレコード盤のレーベルは、これまでに見なれた赤とか黒、あるいは紫といった一色のものではなく、水色とクリーム色のソフトな二色刷りだった。

数々のヒット曲や主演映画などで、長年多くの日本人を楽しませ、明るいアメリカのイメージを浸透させたということなら、まっ先に大統領からその功績を表彰されてしかるべきのドリス・デイ（と私が勝手に思っている）。彼女の名前を、そのとき初めてレーベルの上に読んだ。

「イッツ・マジック」ドリス・デイ。

裏面は……いやこの曲がB面で、A面は年輩のポピュラーファンなら誰でも知っているあの有名な「アゲイン」だった。

「いいなあ、こんなレコード持ってて」

サワヤナギくんが戻ってくるまでのしばらくのあいだ、私はそのレコード盤をひっくり返しひっくり返しして眺め入っていた。

その日のサワヤナギくんの家で、目についたものがもうひとつあった。洗面所の鏡の前に置かれていたしゃれた瓶だ。

金色のふたの中央に、二人の女の児とバスケットを抱えた母親の絵がついている。ガラスの容器の中身は、半透明なエメラルドグリーンのグリース状のもの。

「サワヤナギくーん、……これなに？」

「あ、ポマードだよ」

「アメリカ製？」

「どうなのかな……わからないよ」

「ちょっとあけてみていい？」

IT'S MAGIC
WARNER BROS
"ROMANCE ON THE HIGH SEAS
STARING
JACK CARSON
JANIS PAIGE
DON DeFORE
and
DORIS DAY
WITH
OSCAR LEVANT
M. WITMARK & SONS
NEW YORY

〝YARDLEY〟と書いてあるふたをまわして、匂いをかいだ。いつも父が使っているような国産のポマードのいやな匂いとはまったく違っていた。

「これがポマード？」

それがラヴェンダーの香りだということは、ずっとあとになって知ったのだが、それにちょっとバターボールの匂いをまぜ合わせたような、まさに香りのグランプリとでもいうべきものだった。

未練がましく、ゆっくりとふたをしめて、洗面所からもとの応接間に戻ってきたとき、さっき感じたこの家の匂い、あれが何だったのか、突然思い出せた。

そうだった。まだ小学校へ上がる前だったから昭和十五、六年だろうか、家族で何度か行ったことのある、蒲郡《がまごおり》ホテルか、箱根の強羅《ごうら》ホテルのロビーだ。

ゆったりした革張りのソファーに埋まって、足をぶらぶらさせながら、天井の太い梁を見上げていたときの、あの楽しかった日の匂いだったのだ。

今、私の家の洗面所には、ヤードレーのポマードが一瓶置いてある。瓶の形は昔と変わってしまったが、トレードマークの母娘の絵はついている。私の髪にはどうにもなじまないので使うことはないけれど、それでもときどき開けて、匂いをかいでみたりしている。

「イッツ・マジック」の入ったドリス・デイのCDを見つけたときは嬉しかった。とびつくようにして手にとり、レジまで急いだ。だからあの歌はいつでも聴くことができる。五月に降る雨なんて、いつもあの日のようだし――。

ただ、あの家の、あのホテルの……あのときの匂いをかぐことはもうできないだろう。


中学生になったら〝部活〟が待っていた。小学校の終りごろ、劇の会で「トム・ソーヤーの冒険」をやった。そのとき主役のトムに選ばれて、〝三日やったらやめられない〟の一日分を味わってしまった私は、ためらうことなく演劇部を志望した。「女生徒も多いし、何かいいことありそうだ」

そんなよこしまな思いが、動機のすべてだった。ところがどっこい、そのときの演劇部のリーダーは、二年上級で、高名なシナリオライター八住利雄《やすみとしお》を父に持ち、彼自身ものちに白坂依志夫《しらさかよしお》の名で一流シナリオライターになったその男。本名が八住だから当然ヤズミと呼んでいた。私たちの学校には上級生でも呼びすてにする風習があったのだ。今はもう「白坂さん」と呼ばざるをえないが。

学園祭などで演劇部が公演するときは、脚本、演出、主演はいつも必ず「ヤズミ」で、それも美女を相手のラブロマンスものが多いと上級生たちに聞かされていた。そのうちに新作の稽古が始まったら、なるほどそのとおりである。今回はとくに登場人物が少ないとかで新入部員に役はなく、私たちは大道具、照明そのほかに振り分けられた。

新入部員で、よこしまな思いを抱いて入ってきたのは、何も私だけじゃなかったようで、

「こんなんじゃつまんねえや」

「そうだ、よそうよそう」

五人もそろってやめてしまった。もちろん男子ばかりである。

だったら今度はどこの部にしようかと、動機不純だった連中で相談したあげく、

「体操部はどうだ、悪くないぞ、女が多いし、それにみんなショートパンツだ」

誰が言い出したか衆議一決、心機一転、ぞろぞろと体操部に入ったところまでは良かったが、練習に出てみたら逆立ち、側転はおろか三点倒立ですら女子よりはるかに劣るというテイタラク。みっともないなんてものじゃなくて即刻退部した。

「もっといい部はないものだろうか」

体育館の横手で再び鳩首《きゅうしゅ》会談を開いていたら、「キャアー」、「キャーッ」と華々しい声が聞こえてきた。見ればグラウンドのまわりに女生徒たちが大勢集まっているではないか。

「オヤオヤッ！」思わずそっちの方へ吸い寄せられた。大拍手が起こり、体育館の地

下にあるラグビー部の部室のドアが「バチャーン」と開いて、互いにかけ声かけ合いながら、真新しいジャージーを着たフィフティーンが、ザッザッザッと走り出て来る。「○○さあーん」の嬌声が飛び交う。

「……いいなあーっ、ようしっ！　俺はラグビー部に決めたぞ！」

これが運のつきだった。知らないというのは怖ろしい。「この部はつまらないからやめます」でおいそれと抜けさせてくれるような部ではなかった。とうとう高校までずっと続けた、いや続けさせられてしまったのだ。よこしまな思いを抱いていたそのときの五人すべてがである。おかげで、以後の学園生活をより有意義に送ることができたし、ひょんなことからアメリカにも親しめるようになったのだから、世の中は面白いものだ。だがそのときはまだ何の予感もありはしなかった。

中学も二年三年と進んでいくにつれ、私のラグビーも本格的になってしまい、親にとっては好もしいことではなかったろう。勉強そっちのけで、生活のほとんどを練習練習で送る日々がずうっと続いた。

三年生のときには秩父宮ラグビー場、当時まだ東京ラグビー場と呼ばれていたが、その檜舞台《ひのき》で開催された第一回東京都中学校大会に優勝してしまったりした。決勝戦は、長年のライバルである吉祥寺の方の学園の中等部。スクラムハーフの私はその試合でゴール前中央十メートルのスクラムから左へもぐって、ポスト脇にトライをあげた。ラグビーではこんな個人的なことを自慢してはいけないのだが、でも自慢したい。このときの両校あわせて三十人の男たちが、今もって年に二回は会を開いて、あのときの試合を語りながら酒酌み交わしているぐらいだから、いかに大切な思い出だか分かってもらえるだろう。

三年生といっても中学のだ。練習はいつも高校と一緒だったから、用具のかたづけや手入れなどは逃れられない役目、ボール磨きはとくに大変だった。古くなって妙にまんまるになってしまったラグビーボール。これをタヌキと呼んでいたが、竹のヘラでようく泥をこそげ落とし、ツバをつけてボロぎれでキュッキュと拭き、ワセリンをよくすりこんでさらに力いっぱい磨き上げるのだ。用具に不足していたとはいえ練習ボールは二十個以上あるのだから、全員でやっても一時間はかかる。仕上げて上級生のところへ持っていくと、爪を立てて泥の落ちぐあい、ワセリンののびぐあいを点検され、手を抜くとすぐバレて、またやりなおしなのだ。

ボール磨きをしながら歌うのには、そのころ流行っていた美空ひばりの「越後獅子の歌」が最適だった。

二コーラス目のあたまの〝今日も今日とて親方さんに、芸がまずいと叱られて〟

あのくだりがまさにぴったり。部室の近くにある音楽室からは、コーラス部の女生徒たちが練習する歌声が聞こえてくる。われわれの歌う「越後獅子」や「バッテンボー(ボタンとリボン)」と、彼女たちの「庭の千草」や「埴生の宿」が交錯して、その奇妙なハーモニーは暗くなるまで学校の森にこだましていたものだった。

青山南町《みなみちょう》から、都電、井の頭線、小田急と乗り継いで登校してくる美人の姉妹がいた。

姉は私と同級生。妹は二つ下で、麻耶《まや》、木《こ》ノ実《み》という当時あまりなかったような名前さえも、美人のせいもあって、よりすばらしく感じたものだ。二人の両親も母校の卒業生で、母親がドイツの血をひいているだけに、姉妹二人は顔も姿態も日本人ばなれしていた。

マコと呼ばれた麻耶ちゃんの、ジューン・アリスンばりのかわいいソバカスや、コイちゃんと親しまれた木ノ実ちゃんの、メッシュを入れたわけでもないのに、部分的に光る栗色の髪などが、中学、高校を問わず多くの男子生徒たちの胸をときめかせた。私も含めて、学校中にその信者の数といったら相当なものだったろう。

最初は、クラスの一人が、何かの用で南町近くまで行ったついでに立ち寄ったのだそうだ。それが思いもかけずとても気さくに招き入れられて、楽しいひとときを過ごしてきたというのだが——。こういう話は、一人だけにそっと打ち明けたつもりでも、実際には、朝礼のときに全校生徒の前で大声で叫んだのとほとんど変わりがないものだ。

以来、なんだかんだの口実をこしらえては、青山南町を訪れるやつがだんだん増えはじめた。なかには単刀直入、「いますか?」などと言って入っていくものもいたらしいが、大方は、「近くを通りかかったもので……」とかなんとか、口の中で不明瞭に言うようなのばかり。

おくればせながら南町詣でに参加した私もその一人だった。

そんなダメ者同士が渋谷の駅近くでばったり出くわしたりすると、

「ヤア、どこ行くの」

「ウン、ちょっと買い物たのまれて」

などと言葉は交すが、「ハハア、あいつもか」とお互い見当はつくから、弱気になった方は行くのをとりやめにする。

なんともはや、煮えきらないめめしい有様と思うだろうが、それだけ切実な思いを持つ者が多かったのだ。恋心の根底には、子供大人にかかわりなくこういうものがあるのではないだろうか。

娘の親の目からしてみれば、やってくる子供たちの考えつくそんな見えすいた口実など、さぞおかしかっただろうに、かわいそうにと思ってか、ちょっとだけにしても、とにかく家の中には入れてもらえたのだった。

青山六丁目の交差点、現在は五丁目となっていて、スーパー紀ノ国屋のあるところ。そこを高樹町《たかぎちょう》の方へ二百メートルほど行くと小さな交番があり、その横が〝青山南町〟の都電停留所だった。

今でこそヤングファッションの中心地、花の南青山だが、その昔は閑静なお屋敷町。それが終戦少し前にひどい空襲をうけて焼野原になったから、まだ家らしい家などほとんど建っていない。地面を掘ってその周りを、板やブリキやそのほか建材として使えそうなあらゆるものを集めてきて囲った壕舎《ごうしゃ》や、バラックと呼ばれた掘立て小屋が点在していた。電車通りからかなり奥まった場所にある青南《せいなん》小学校が見えたほどだ。庭のある住居は多かった、といっても草ぼうぼうの庭だけで、焼け残った石の門柱の向こうに、よく見るとちょろっと壕舎があるのが分かる、そんな庭。つまり土地だけはいくらでもあったということだ。

そういう青山南町にあって、姉妹の家は際立った存在であった。

ここの庭は草ぼうぼうではない。それどころか、ピンクがかったオレンジ色の花をいっぱいにつけた〝のうぜんかずら〟の棚がある。その下がポーチで、グリーンのペンキも鮮やかな木製のベンチまで置かれていた。

玄関はなくて、ドアを開けるといきなりそこが二十畳以上はあるリビングルーム、二階の天井まで吹き抜けになっているから、ただもうむやみに広く感じる。しかもこの家は、靴のまま出入りするスタイルだった。そのうえ、二階があるのに階段がない。ハシゴを掛けて昇り降りするのだ。階段がない分、広く使えるのは名案だと思った。もちろん廊下などない。リビングのまわりにドアがいくつかあったから、他にも部屋があるのだろうが、私たちにとって、それは未知の世界であった。

戦後まもなくこの家が建ったときには、新築は十三坪までと制限されていたのを、移築ならばということで許可をとり、千葉県で経営していた工場から、古い木造の倉庫をこわして運んできて建て直したのだそうで、こういう型の家にするのが、いちばんムダの出ない方法だったという。土足での出入りもうなずけた。

あるときなど、ジープでやってきたGIたちが戸を叩き、「ステキな家だ、非番の日に、こういう家でビールを飲んでみたいから、場所だけ貸してもらえないだろうか」と頼まれたこともあったそうだから、彼らから見ても、郷愁を感じさせる、かなりアメリカナイズされた家だったにちがいない。

さて、南町詣での私が、温情で家に入れてもらえたとしても、いつも姉妹がいるとは限らない。神妙に座りつづけ、お母さんから、

「だいぶ前だけど、若い郵便屋さんが配達にきてね、手紙を置いたあとも帰らずにモジモジしてるのよ。しばらくたって思いきったように『ホントにおそば食べさせてくれるんですか』なんて言うの、オカシイわねと思ったら、ポーチの柱にだれかウチの子がいたずらして〝支那ソバあります〟って書いたフダをぶら下げていたのよ！」

　そんな話を聞かされて、

「へーえ、そうですか、誰がやったんだろうハハハハ」

　なんて笑ってみても、気もそぞろだからあとのことばが続かない。お茶などいただいて——やっぱり間《ま》が持たない。

「もう帰ります」

「そう、木ノ実おそいわねえ……じゃまたいらっしゃい、ごめんなさいね」

「いえ、どうもおじゃましました」

　で、表へ出て歩き出したら、向こうの方からくったくない声がかかって、

「あら、どうしたの、ウチに来てたの？」

　コイちゃんが帰ってきたりするのだ。

「え、いや、通りがかりにちょっと寄っただけだから、じゃ、サヨナラ」

　うしろ髪ひかれる辛さなのに、わざと元気よく二歩、三歩。とたんに、

「あ、そうか、コイちゃん今日は体操部の練習がある日だったんだ」と気がつくなん

てまったく間が抜けている。

暗くなりはじめた空を見上げて、「あーあ」とため息をつきながら、渋谷の駅に向かって宮益坂を下っていったやつは、私だけじゃあなかったはずだ。

歌うラグビー部員《シンギング・ラガーマン》

1950

男子の運動部の部室の匂いというのは、昔も今も、どこの学校でも、だいたい似たようなものなのではないだろうか。

練習着にしみこんだ、まだ乾ききっていない汗が泥と入りまじった匂い。じめじめしたロッカーや、木製のベンチにたまったホコリやカビ、そして石灰や皮革油などのツンと鼻をつく匂い、そんなものが一体となって……でもいいものだ。

ああいうものから縁遠くなってしまった今だから、なおさら懐かしいのかもしれないが、もう一度行ってみたいの思いにかられるときがある。OBとして、母校のその場所へ行ったらいいのに、いまだに二の足を踏んでいるのだ。

自分も、チームメイトもかかわっていない部室の匂いでは、やはり気持のよいものじゃないだろうし、あの不潔さは、若者だけに許される特権なのだからと――そんなことも考える。それにしてもラグビー部の部室の匂いは、使っている本人たちにとってさえ強烈すぎるものだった。今でもそうだろうか？

学校のグラウンドと平行して建てられている体育館は、昭和七年に落成したものだという。その外側には、グラウンドでの競技を観戦するための、コンクリートでできたスタンドがついている。

スタンドの中央には、運動会のときなどに大会委員長として歴代の校長が座った貴賓席《ロイヤル・ボックス》めいた場所まであり、遠くから望めば、国立競技場正面スタンドのミニチュア版といえなくもない。昔のものというのは、こういうところが変にゼイタクな造りにしてあったりするものだ。

階段式になっている客席の、その地下を利用して造られたスペースのひとつに、昭和三年創部という、読売巨人軍よりはるかに伝統あるわがラグビー部の、だがもう汚ならしくなってしまった部室があった。

十段近くあるスタンドのいちばん上は、立見ができるようにやや幅広になっていて、そこには下にある部室の明り取りのために十センチ角の分厚いガラスが五、六十個はめこまれている。部室の中にも裸電球がいくつかぶら下がってはいるが、いつもうす暗くて、換気も悪かったから、室内の臭いは抜けることがなく、それが年ごとによど

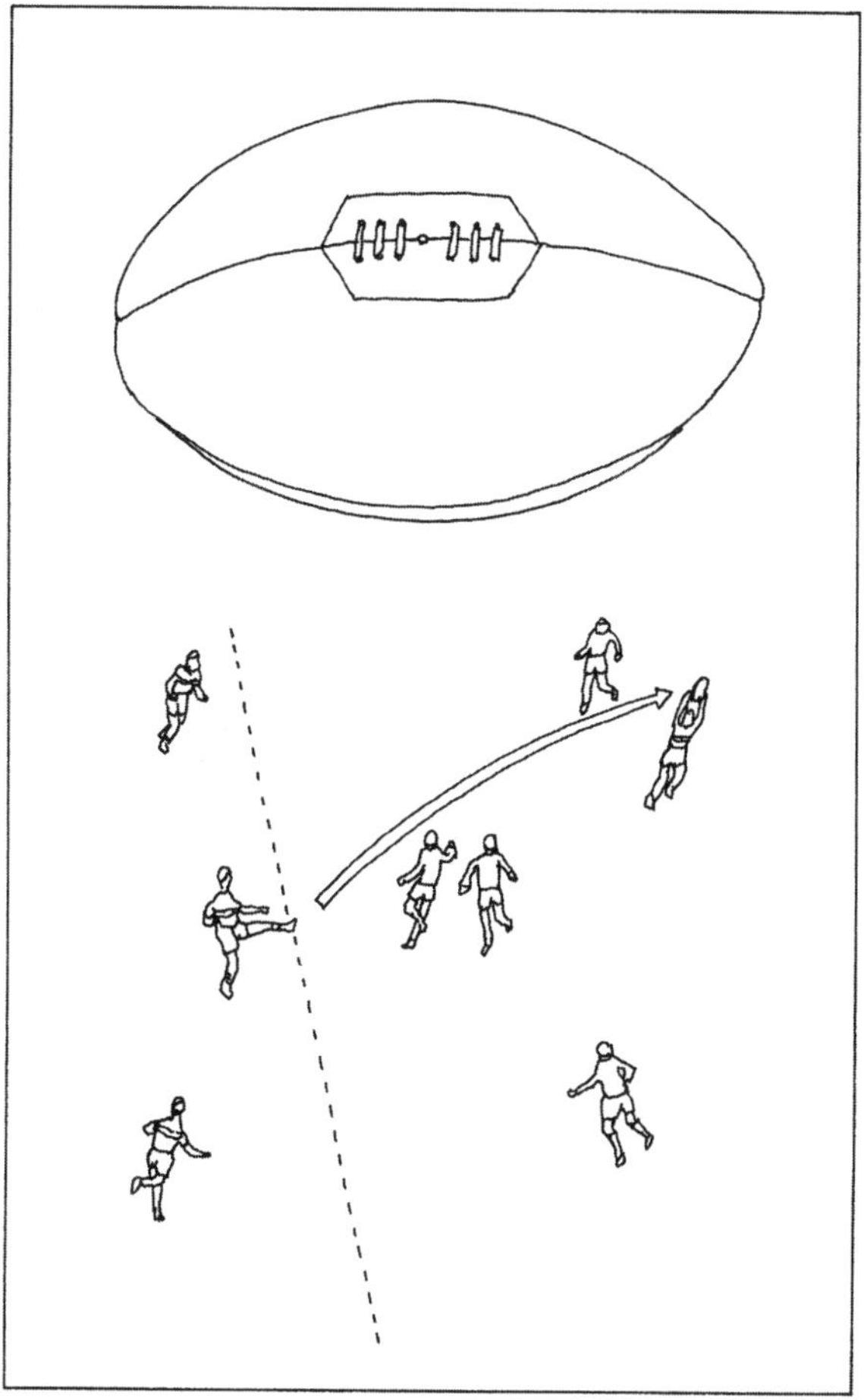

んでいくようでもあった。

シーズンオフも終り、再び練習が始まると、最初の四、五日は、朝起きても這って歩かなければならないほど体中のあちこちが痛い。なまっていた筋肉を急に酷使するせいで、練習前の着替えもノロノロと時間がかかる。そんなときは、普段よりも少し早めに部室へ行くように心がけていた。

その日も、三十分ぐらい早く行った。こわれたも同然のドアをギギッと開けたら、うす暗がりの中に、もう三、四人来ていた。私と同じ学年の、つまり下っ端《したっぱ》ばかりである。

いちばん疲れのひどい時期だから「オス」でもなければ「オハヨウ」でもない。こっちも無言、向こうも無言。自分のロッカーの前あたりのベンチにへたりこみ、シャツをぬいではため息、ズボンぬいではため息、汚ないバッグから汚ないもろもろをひっぱり出して、まずストッキングからとしわをのばしながら、何の気なしに仲間たちの方へ首をまわした。

「……あれ？」

あいかわらず彼らは無言なのだが、何か様子がオカシイ。

「……何やってるの」

聞こえないのか、みんなそろって天井をにらんでいる。

「何やってるんだよお」と近寄っていったら、

「しずかにしろっ！」

誰かが、早口で、低いがしかし妙にドスの効いた声を出した。

私は一瞬ひるんだが、さらに近寄っていき、彼らと並んで同じように天井を見上げてみた。

そこは、厚いガラスがはめこまれた明り取りの真下だった。老朽化してしまって、いく枚かのガラスは割れたり外れたりして枠だけになっている。そのまた上の方で、何かがチラチラしているのだが——何なのか、皆目見当がつかない。

「ナンナンダヨーォ」

いつのまにか、こっちも小声になっている。

「上杉だよ、上杉！」（これは仮名です）

「エッ！」

「しっ！」

なおもしばらく見つづけていたら、突然、すべてが理解できた。

足音をしのばせ、注意深く部屋のドアを押して表へ出た。何くわぬ顔でグラウンドの方へまわったら、そこでは女生徒たちが体育の時間の真っ最中だ。体操着に着換えた一団が、よせばいいのに皆汗びっしょりになって、変にマジメな顔つきで徒手体操をしている。なんで女の子たちは、あんなに真剣に体育の授業をうけるんだろう……。

そこを通りすごして……もっと何くわぬ顔をつくってスタンドの上の方を見上げて
――何事もなかったように、ゆっくりとまた部屋にもどった。

「なっ！」「なっ！」「な！」

「うん」

力強いヒソヒソ声が短く飛び交い、あとは「フーン」と鼻息ともため息ともつかぬもの。そしてまた無言で天井を見上げるばかり――。

同級生の、いや男子生徒のあこがれの一人、上杉和子（くどいようだが、仮名ダ）が、身体の調子でもよくなかったのか、ほかの二人の女生徒とともに、スタンドの最上段のあの場所に立って、体育の授業を見学していたのだ。それもスカート姿で。

見えているのは、白いふくらはぎと、スカートの端がおぼろげにというていどなのだが、私は表にまわってしっかり確かめてきたから、どれが上杉の足かということははっきり分かる。それでもう充分すぎるほどの眺めだった。

「俺たちだけのヒミツにしような、なっ！」

固く誓いあったはずのヒミツの楽しみだったが、いつのまにかコーチとキャプテン以外のほとんどの部員に知れわたってしまい、以後、女子の体育の時間には、それが午前中であっても、ラグビー部の部室は、確実に混み合うようになったのだった。

それでも、静粛に見物することだけは、誰もがちゃんと守っていたのだが、いつの時代、どこの世界にも、とんでもなくしょうがないやつが、一人ぐらいはいるもので、のぞいているうちに感きわまって（それも最上級生のくせに）、奇声とともに、コーナーフラッグに使っていた長い竹竿を、ガラスの割れ目から突き上げたものだから、すべては水泡に帰してしまったのだ。

もう女生徒たちは、二度とそこに集まらなくなった。教師やOBたちにお説教はくらうし、ガラスの破れた箇所は、残酷にもコンクリートでふさがれてしまって……夢のような出来事もこれで一巻の終りだった。

今も続いている高校の同窓会には、上杉をはじめ、私たちを楽しませてくれた昔の女生徒たちがやってくる。その話をすると皆一様に「イヤアネエ」と言う。ウソかホントか、当時そんなことがあったことなどなんにも覚えていないというのだ。まったく、「なーにいってやんでえー」である。

高校生になったから、ボール磨きの当番はもうないだろう、その考えは甘かった。週に一度はノルマがまだまわってくる。ただしそのときに歌う曲の傾向がだいぶ変化してきた。

フランク・シナトラの「サンフラワー」、ナット・キング・コールの「モナリザ」

といえば、これはもう大進歩である、なにしろ英語の歌ばかりなのだから。

「けっこうサマになっている」

本人たちだけはそう思っていた。

これはあきらかに、この一、二年のあいだに普及しだしたレコードプレーヤーと、それにつれて数多く発売されるようになった外国盤のレコードのせいなのだ。チームメイトたちに訊いても、家にプレーヤーがあるというやつが多く、私のところにも、卓上型だったが、買ったばかりのそれがあった。卓上型といっても今の電子レンジよりも大きくて、ずっしりした木製キャビネットにおさまっていた。

レコードは、コロムビアのL盤M盤シリーズ、ビクターのS盤、キャピトルは紫のレーベル、そんなところが人気だった。

そうはいっても英語の歌だから、なんでもかんでも歌えるわけじゃない。なるべくやさしい歌詞の、とくに歌い出しとか、リフレインでメロディーが盛り上がるあたりの英語の歌詞が、ごく簡単なものに誰もがとびついた。そのかぎりでは「サンフラワー」も「モナリザ」も、もってこいの歌だったから、部室でも大いに歌われたわけだが、考えてみると、これは昔から外国曲が日本でヒットするための必須条件の最たるものではないだろうか。

われらラグビー部員の愛唱歌の曲目は、どんどん増えていった。「ユー・アー・マイ・サンシャイン」に「プリテンド」、ロイ・エイカフの歌った、ややアップテンポの「テネシーワルツ」など、いずれもさっきいった必須条件を満たしている曲ばかりだった。

〝シザーサーンフラワー、シズマワーンフラワー〟(She's a sunflower, she's my one flower)

歌に合わせて、せっせとボールを磨く、うまく歌えればノルマも楽しいものになる、音楽の効用は絶大だ。英語がとくに簡単な箇所は、耳から覚えたままの英語を人に負けじとみんな大声を張り上げるから、変声期のやつもいて、どうしたってこれは蛮声としかいいようがない。

「お前ら、なに歌ってるんだクワックワックワックワッ」

フシギな笑い声がして顔を上げたら、この人がグラウンドへ来ると練習はいつもの倍疲れるというほどの鬼OB、フジサワ先輩だ。

「ヘタクソめが、ケッ!」

ひとことそう言いすてて、また部室を出ていった。

「……ケビリさんに聞かれちゃっちゃあ、マズイよなあ」

〝ケビリ〟というのは、フジサワ先輩の通称。名前のケイジからとって〝ケビリ〟だそうで、ちなみに、彼の兄さんはヨシオだから〝ヨビリ〟なのだ。なぜ〝ビリ〟がつくのかは、怖いので訊くやつは誰もいなかった。

ケビリさん一家は、外交官生活が長かったそうで、父親は七ヵ国語、母親は三ヵ国語を自由にあやつり、その息子たちも英語だったらペラペラのペラというスーパーファミリー。

両親は若いころ、英語だと子供たちに分かってしまいうまくないからと、夫婦げんかはフランス語でやったとか、北京語を忘れないようにするためだけに、中国人のコックのいる北京料理店へ定期的に食べに行ったとかいうエピソードがあるほどだ。

ボール磨きをしながら、あやしげな英語で蛮声張り上げている私たちは、さぞかし耳障りだったろう。おまけにフジサワ兄弟はそろって歌がうまくて、兄はピアノ、弟はギターが得意ときているのだから、なおさら始末に悪い。「クワックワッ」と嗤《わら》われてもしかたなかった。

しかし私は、フジサワ兄弟が、このときすでにれっきとしたプロのバンドでやっていることを知っていた。蛇《じゃ》のみちは蛇《へび》というではないか。それが今でいう〝カントリー〟、当時は〝ウェスタン〟と呼ばれていたその音楽だということも分かっていた。

私は、英語の歌の中でもとくにウェスタンに興味があったのだ。声の出し方にも、節まわしひとつにも、大げさにいえば、私の琴線《きんせん》に触れるものがあった。

そんなわけで、ウェスタンの歌をもっと知りたかった私は、考えた末、決心して、ある日先輩の機嫌の良さそうなのを見定めて、弟子入りというか、一手ご指南を願い出た。

背が高くて、ボサボサ髪に不精ヒゲ、まだ若いにしては、なんだか年とってからのゲーリー・クーパーの趣きさえあったケビリさんだが（私より六つ上だった）、その乱暴な言葉づかいとはうらはらな、優しいところもあるのだ。ラグビー部の先輩として、その気まぐれぶりが、私たち現役をふるえ上がらせるもとになっていたのだが、このときは、

「お前が歌なんて習ってどうするんだ」

とだけで、よほど気分がいい日だったのか、それ以上、「ケッ！」とも「クワッ！」とも言わずにグラウンド近くの自宅へ私をよんでくれた。

ケビリさんのあとから、ご機嫌損じてはならじとひたすら恐縮してついて行く私に、ひょっとしてプロの仲間入りができるかも……という下心があったのか、なかったのか。

ともかく、それからいろいろ歌を教えてくれたわけだが、私の声の方は一応みとめてはくれたものの、発音のひどさにはあきれたようで、とりあえず英語のことはうるさく言われず、もっぱら曲を覚えることだけに専念させられた。

ケビリさんのレパートリーは、百やそこらではきかないほどあった。私もいちばん

物覚えのいい年頃だったから、水に海綿を浸したようにどんどん新しい歌を覚えていった。何だか、アメリカがいっぺんに近づいてきたような気がして、面白くて面白くてたまらなくなったのだ。

同じころ、ケビリさんの部屋のとなりでも、誰かが兄さんのヨビリさんからやはりウェスタンを習っているらしく、その音がもれてきた。

「青学の生徒でテラモトっていうんだってよ」

ケビリさんがそう言った。

「へーえ」と答えながら、私はその歌声に聞き耳をたてる。

「あっちのほうが、だいぶうわてだわい」

と感心したり、

「でも歌は、ヨビリさんの方がうまいんだから、しょうがないか……」

などと心中ひそかにわが師を冒瀆《ぼうとく》するようなことを考えたりする、私は不肖の弟子でもあったのだ。

進駐軍専用キャバレー福生《ふっさ》〝ローズ・マーダー〟　1950〜51

これほど大勢の、肌をあらわにした女性たちを目《ま》のあたりにすることができるとは……。

それはアメリカ映画で見る西部劇の酒場のシーンや、南部の田舎町での大パーティーのシーンを髣髴《ほうふつ》させる。いや、それ以上のものだ。

両肩むきだし、胸元もかなり深くまできりこみを入れ、胴でキュッとしぼりこんだカクテルドレス風。腰近くまでスリットを入れた、ふと腿もあらわなチャイナドレスもいる。

「えーっ！　なんだこりゃあ、だって日本人なのに？」

私にとっては、今見ることができるどんなヌード写真よりも刺激的だった。

彼女たちの、西洋の魔女にも紛《まが》う目の化粧、口紅やマニキュアの毒々しさ、動物性の香水の強烈さは例外なく完璧で、精力持てあまし気味の高校生にとっては、それがかえって好もしい。

　そこへ、アメリカ兵たちの体臭や、英語でのざわめきなども重なりあって、ここも同じ日本の中だとは、とても信じられない。

　ＧＩも、三百人は入っているだろう、彼らとかわるがわるに踊っている日本人のダンサー（ホステス）にしたって、その半数はいたはずだ。

　マンモスキャバレーとまではいえないが、当時のキャバレーとしてもこれはかなり大きな部類に入った。といっても、ボックスシートみたいなものは見当たらない。ただもうゴチャゴチャと、今のロックコンサートみたいに人がうごめいていた。場内がそれほど明るくはなかったせいもあって、これも初めて見たミラーボールがまわる下、白っぽい無地のドレスの女が多いのが目立つ。

　立川から青梅《おうめ》線に乗りかえて駅で七つ、東京近郊では、〝基地の街〟として、現在でもまだ当時の面影をいちばん残していることで有名な〝福生《ふっさ》〟にあった、これが進駐軍専用キャバレー〝ローズ・マーダー〟に初めて入ったときの光景である。

　同級生の〝オカブー〟が、スティールギターをたしなみ、その兄さんの〝オカヒン〟とともに、毎週土曜日だけ、立川あたりにアルバイトに出かけていってるらしい。

1541
SHOWA AAB
YOKOTA A.A.B. 30 MILES
JAPAN AIR
MATERIEL AREA

その噂を耳ざとく聞きつけた私は、さっそく彼をつかまえてその真偽を確かめ、さらにはしつこく頼みこんで、首尾よくそのアルバイト先につれてきてもらったのだった。〝オカブー〟とか〝オカヒン〟というのも、もちろんアダ名である。苗字はオカモト、兄は鼻がりっぱで顔の長いことからきて〝オカヒン〟。弟はそれにくらべりゃやや丸顔というだけで、〝ブー〟とついてしまっただけなのだ。

フジサワ兄弟とは、またちょっと違うのだが、二人ともやはりウェスタン大好き人間。彼らの知り合いに、ハワイアンバンドのリーダーがいて、このキャバレー〝ローズ・マーダー〟に専属として入っているのだ。ところがなんといっても進駐軍専用だから、ウェスタンの注文がどんどんくる。ウェスタンにはちょいとうるさいオカブーが来てくれれば、そりゃ大助かりだと頼まれて、土曜日だけのアルバイトながら、もうかれこれ二カ月以上やっているという。

オカブーのスティールギターとオカヒンの歌とギターを中心にしたこの夜の〝ローズ・マーダー〟のステージを、ついていった私はじっくり見物させてもらったのだ。舞台の袖からバンドを聴いたのも初めてなら、キャバレーに入ったのも初めて、ましてやそこが進駐軍だらけとくりゃあ、これは興奮するなといっても無理な話。

帰りの福生の駅などは、ほんのちっぽけな駅だったのに、私には日本一はなやいだ駅に思えて、〝フッサ〟ということばの響きは、〝テネシー〟のそれとほとんど同じグレード感があった。

次の土曜日がくるまでのあいだ、あれこれと思いをめぐらせた。とにかく福生に行きたいの一心である。行かなきゃなんにも始まらないぞ……そう自分に言いきかせる。

待っていたその日がやってくると、もう当然のように厚かましくくっついて、またローズ・マーダーにやってきた。ステージを見られる喜びはいうまでもないが、袖のカーテンの合間から、こっそり客席眺めまわすのも、目、耳、鼻の保養になる。

十人あまりの編成のダンスバンドと交替でのオカブーたちのステージは、一晩四回ぐらいだっただろうか、そのラストの少し前に、〝事〟は起きた。

「おい、カズヤ、お前ウェスタン歌えるんだろ、次、なんかやってみるか？」

ごみごみした小さな控え室で、突如、オカブーがそう言ったのだ。私は思わず兄きのオカヒンを見た。べつにイヤそうな顔もしていないし、リーダーのカネコさんこと〝ネコ〟さんも、ニコニコ笑っている。あとで気づいたのだが、ネコさんはバンドのリーダーを長くやっているせいか、いつも笑顔を絶やさない人だったのだ。そのかわり、たまに怒ってまじめな顔になったりすると、いつもこっちはシャンとなった。

「こういうことがあるかもしれない」とは、一週間の思いめぐらしの中に当然入っていたし、服装もそうなったときでも困らないていどにはしてきたつもり。

「えー、いいのおー？」

なんて言ったけれども、皆には二つ返事としか聞こえなかっただろう。

ところが、あれこれとひそかに考えてきた曲目が、どれもオカブーはじめバンドのメンバーにはなじみがないらしく、「ほかには？」「ほかには？」でなかなか決まらない。

どうもそれは、師匠がケビリさんだったせいらしい。同じウェスタンでも流儀がちょっと違うみたいだ。

だが、そういうことも私は思いめぐらしていたから、お手上げというわけじゃない。

「じゃあ――、マリーダーリンなんかは？」

「おー！　マリーダーリンならできるだろう」

オカブーはさっそくネコさんたちに、マリーダーリンの曲の説明をはじめた。

「マリー・ダーリン」(Molly darling) は、小学校の唱歌として習ったこともある曲である。

〝コーガラシ、トダエーテ、サーユルソラヨリー〟と歌い出す「冬の星座」という歌で、そもそもは英国の古い恋歌なのだ。

エディ・アーノルドというウェスタン歌手のヒット曲で、これはヨビリさんの得意の歌だったから、たぶん私は、となりの部屋から〝門前の小僧〟で覚えたはずである。

ノートを破いた紙に、歌詞も書き写してシッカリ持ってきていたので、それを譜面台に置き、カンニングしながら歌った。客たちはチークダンスに夢中で、誰も注目してやしない。私も、足ぐらいふるえただろうが、こういうのもビギナーズ・ラックといえるだろうか、とにかく無難に歌い終えてしまった。出来もまあまあだったはずである。その証拠に、この押しかけ歌手は、翌週からもずっとローズ・マーダーにやってきつづけ、暗黙のうちにオカヒンの歌の合間に割りこみを続けていたのだから。

当たり前のことだが、まだギャラをもらうなどとんでもないことだった。それでも、すでにセミプロだったオカブーは、帰りしな、自分が降りる荻窪駅近くの、現在でも盛業を誇っているかの有名な㊗《まるふく》のラーメンをおごってくれるという友達甲斐をみせてくれたものだ。

㊗は、じつに旨いラーメン屋だった。ふと郷愁にかられ、一家を引きつれて三十年ぶりに行ってみた。だが、最近の㊗は、店の構えも、愛想の悪さも昔のままだったし、それはそれで申し分なかったけれど、味の方は、いい悪いは別として、だいぶ変わってしまっていた。

最近同窓会で逢ったオカブーにこの話をすると、今はもう超一流会社の部長にまでなっているオカブーが、とたんにまじめな顔になり、「それはだなあ」と始めた。その解説によると、「スープの味はいっそう良くなったのだが、麺が落ちた。これはたぶん、〝なんとかソーダ〟という昔の麺には入っていたものが、規制によって入れられなくなったせいだ」というのである。ほんとかネェ、そういえばオカブーは若いころからご託宣好きだった。相変わらずである。

さて、週一回の押しかけ歌手のヨロコビが五、六回は続いたある日、これは夕方の、まだ福生へ出かける前の㊗のカウンターでラーメンを待つあいだのことだったが、オカブーが眉をしかめながら、

「実はなあ、カズヤ」

とおごそかにきりだしたのだ。

オカブーが私のことを「カズヤ」と呼ぶときのアクセントは、アナウンサーが発音する「八百屋」のときとまったく同じだ。私が小さいころから呼ばれなれているものとは、かなり感じが違う。でも同級生の多くにもそのアクセントで呼ばれていたし、これもまあアダ名の一つなのかもしれない。

「実はなあ、カズヤ」と言われたときには、ドキッとした。血液型はAじゃないが、あれこれ思いめぐらすのは得意の私だ。

「やっぱり、ちょっと俺たちも迷惑してるので……」とか、あるいは「ネコさんがいい顔してないんでさあ……」といった話なのだろうと、まだ聞かないうちから、すべてを合点《がてん》してしまった。話し手が、眉間にしわを寄せるだけで、もうひどく悪い話だ

と想像するのは、日本映画を観すぎたせいか。

ところがそのあと、オカブーの口から出たのはこんな話である。

「ネコさんがな、メンバーの都合もあってハワイアンバンドを解散してな、俺たちと、ウェスタンをやろうか、なんて言ってるんだよ、それでな……」

㊗の店内は、突如アメリカ映画に出てくるすごいレストランに転じ、ラーメンをゆでる大鍋から立ちのぼる湯気の向こうに、虹がかかっているようにさえ思えた。

「なんでそんなイイ話なのに、眉しかめたりするんだよおーっ！」

そう言いたかったが、嬉しいのだから文句言うのはやっぱりまずい。

「ウェスタンバンドは米軍キャンプで需要も多いし、べつにハワイアンをやらないということじゃなく、ウェスタンを主にしてやっていこう、とネコさんが言ってる。俺も兄きも参加するんだけど、カズヤ、お前も一緒にどうだ？　そうなれば、これから金も多少やれるし、ギターも教えてやって、そのうち弾けるようにしてやるから……」

何ということだろう。そのころは、こんな夢のような話が多く、その夢は良い方へ良い方へと実現していった。時代が良かったのと、私の運が強かったせいだ、きっと。

米軍キャンプの仕事といっても、仕事の話が米軍から直接くるわけではない。今でいう何々プロダクション、何々エージェンシーにくらべればごくささやかなものにすぎなかったが、一応芸能プロといったものがいくつかあって、そこを経由してくるのである。だからその業者たちへの知名度、コネ、そしてセールスの能力などがかなりものを言う。

年は若いが、取りしきることが好きで、また人一倍得意でもあるオカブーは、さっそくその才能を生かしはじめた。新橋の駅前にあったさる芸能社に渡りをつけてきて、新バンドをうまく切り盛りするようになったのだ。

ハワイアンの残留組何人かに私たちを加えたこの急造のウェスタンバンドは、ワンナイト・スタンド専門ではあったが、スタートとしてはまずまず順調だった。私も趣味から一歩前進して、念願の正式メンバーとなれたのである。

私の家は、そのころには小田急線の代々木八幡に引っ越していた。立川方面の仕事が多かったので、帰りに皆と荻窪で途中下車して、㊋でラーメンを食いながらその日の反省会などをやっていて、あっと気づくと電車がもうない。そんなことがしょっ中だった。

「しょうがねえなあ、じゃまあ、今夜は……」

と、青梅街道を歩いて四面道《しめんどう》を越え、上荻窪にあったオカブーの家に泊めてもらう。

それが何度も続くうち、根が厚かましいので、オカモト家の人々の親切をいいことに、オンブにダッコの態《てい》でいつのまにか居候《いそうろう》するまでになってしまった。下宿人なんていえない。荷物も持ってきてないし、夜具まで借りて、そのうえに、育ちざかりで飯はしっかり食って、食い扶持《ぶち》は入れないのだ。まだまだ食糧難のこの時代、よく叩き出されなかったと、思えば恥しいかぎりだが、それを言ってみても、いまさら取り返しがつかないのだから、ただオカモト家に感謝するのみである。

朝はオカブーたちと一緒に出て学校へ行き、帰りにちょっと代々木八幡の家へ寄って、着替えとかをとって、サッと出てくる。うしろで親が何か文句を言っていてもかまわずにどんどん走ってってしまうのだから、これはれっきとした不良だ。自分では一目おかれているとうぬぼれているが、親の方はとっくに見放していたなんていう、よくあるパターンに近いものだったろう。

〝玉石混淆《ぎよくせきこんこう》〟というが、オカブーのもってきた仕事に〝玉〟は少なかった。このていどの急造バンドなら当然ではあるが、かといって〝石〟というほどひどい仕事をした覚えもない。

立川の空軍基地では、よくサービスクラブで演奏した。

「サービスクラブ」というのは基地の中のクラブでもその性格が著しく異なり、早くいえば、区立の図書館もしくは公民館のような場所だ。サービスという単語には、軍とか、軍の、という意味もあるからきっとそっちだろう。

立川のサービスクラブ。基地の中のクラブでも、ここだけは日本人でも表の入口から出入りすることができる。バンド控え室はない、もともと全館待合室のような感じで、静かにさえしていれば、どこにいても自由なのが嬉しかった。

二枚扉のクラブの入口を入ると広々したロビー、掲示板があって、お知らせやら伝言が何枚もピンでとめてある。小型のソファーと小テーブル、脇には背の高い電気スタンド。その組み合せ《セット》が壁際にずらりと続く。

その奥にはもっと大きなスペースがあって、十六ミリの映写会ができる設備があり、ピアノもある。雑誌や新聞がファイルされて吊ってあるし本棚も沢山ある。表紙の絵などにドギツイものが少ないのはマジメな本が多いということだろう。

廊下をいくと小部屋がいくつかあった。部屋の隅には卓上の電気スタンドがのったデスクがあるのは、手紙や書きもの、調べものをする人のためなのか？　どの部屋にもドアがついてなかった。これは同性愛防止のためだと聞いた。そのほかビリヤードやピンポン台のある部屋もある。全館小さな音量でＢＧＭが流されていた。利用する兵隊たちのクラブ内での飲食はドーナツとコーヒーぐらいだがすべて無料だそうで、

「だからサービスクラブなのか」と私も最初はそう思った。

サービスクラブのボスはどこも女性、それも将校か、位の高い下士官だから、いか

がわしい女性などを連れ込めようわけもないし、ちょっと騒げば、ボスがすぐにやってきて、「シッ」と口に指をたてる。

そんなサービスクラブでも、週に一度ぐらいはバンドを入れる。その旨は前もって掲示されるから、それがいやな人は来ないので、やかましいとの苦情は出ない。とはいえボスの要請であまりガチャガチャした曲はやれないし、なるべくなら演奏だけのものを、とも言い渡されているので、歌はせいぜい一曲かまあ二曲、私やオカヒンは欲求不満になるほどのヒマさ加減だ。

ここには一段高くなったステージはない。奥の広い部屋の、つき当たりで演奏するのだ。休憩時間になるとさっきまで観客の一人だったGIが、静かにピアノを弾きはじめたりする。クラシックだったり、スタンダードジャズだったり、めっぽう上手くて、次のステージがやりにくいなんてこともよくあった。

もともと客は無料だし、クラブは閑散としていたから、バンドもタダに近いギャラ。いいことはそんなになかったのに、部屋の淡いサーモンピンクの壁紙に象徴される、落ち着いたアメリカのアットホームな雰囲気を味わえるのが嬉しくて、私はなんだかんだここの仕事が気に入っていた。

あるときサービスクラブの裏手にある、倉庫をのぞいておどろいた。楽器の山なのだ。ドラムセットが三組、どれもそのころの日本では手に入れにくい一流品ばかり、スペアーのためにか、シンバルが何枚も余分にあるのが目をひいた。ウッドベースも三本あって、これは〝ケイ〟（KAY）だった。ギターにいたってはもうギター屋と呼んでもさしつかえない、二十本以上ズラリなのである。〝ハーモニー〟などの中級品とはいっても数が数だけに圧倒される。日本の楽器屋でこれだけ揃えていたところはまずなかっただろう。

本来は兵隊に貸し出すためのものなのだが、出演するバンドには使わせてくれたので、ベースだけは借りていた。混んだ電車に大きなベースを持ち込んで、まわりの眼を気にしながら重たい思いをするのを考えれば、それだけでも大助かりだったからだ。ほかの基地のサービスクラブにもいろいろ行ったが、規模の大小はともかくとして、雰囲気はどこもだいたいこんなようなものである。

オカブーがまとめてくる〝玉石混淆〟のうちで、〝玉〟の仕事の最たるものは、何といってもパーティーである。

〝パーティー〟といってもさまざまだが、この場合は、兵隊たちいく人かで共同主催するプライベートなパーティーのことだ。

進駐軍専用となっている都内の大きな料亭、大森の第一国道沿いに並んでいる〝小町園〟や〝悟空林〟などがその会場。パーティーは舞台つきの大広間で行なわれ、必ずストリップショウがある。要するに飲んで騒いでストリップを見よう！　これが趣旨だから、そんじょそこらで見られるいわゆるストリップとはケタ違い！　場内は興奮のるつぼと化す。これがこの仕事の〝玉〟であるゆえんである。

　私もそのときだけは、借りもののギター抱えてでもステージに上り伴奏に参加するのだ。歓声の中で、その気になってきたストリッパーは、踊りながら「もっとテンポ上げて！」とか、バンドにいろいろ指示する。リズムが速くなれば踊りはますますエスカレートしてくる。兵隊ヨロコブ、踊り子ハリキル、バンドもウレシクなってくる。うしろから見るストリップの好《よ》さはともかく、このストリップパーティーには、その場の全員に、ある種連帯感のようなものがあった。

　もうひとつ、まるで正反対のパーティーがある。基地の中のクラブが、月に一度ぐらいクローズする、その日を借りうけてのもので、その雰囲気の異なりぐあいといったら、同じ兵隊たちが主催しているものとはとても思えない。出席している日本女性にしたって、いつもの米軍クラブの常連たちとはうって変わった良家のお嬢様、奥様風なのだ。和服ならば、地味には見えるが由緒ありげな結城《ゆうき》とか訪問着。しかも帯はつづれとか袋帯といった豪勢さで、日頃よく見るペナペナのドレスとか、安っぽいチャイナ服などはまず来ていない。物腰も優雅で、女優にたとえれば、若き日の山根《やまね》寿《ひさ》子《こ》か三宅邦子というところ。

どういう家庭の人たちなのだろう、また、どうやって集めたのだろう。彼女たちの中にはアメリカ兵たちがびっくりするほど、りっぱな英会話ができる人もいるそうで、このパーティーは日本の上流家庭との親睦を図るのが趣旨なのかもしれない。ハイソサエティなどまったくないような田舎から出て来た米兵も多いだろう、無理しているのもそここに見られ、それがこのあいだのストリップ大会で盛り上がった連中だと思うと不思議でもある。

しかし、バンドのわれわれの関心は別のところにあった。それはこのパーティーに出されている料理と飲み物のボリュームの凄さだ。

ボールルームのうしろの方に、白い布をかけたテーブルが並んでいる。その上に置かれたローストビーフの塊《かたま》りや、種類を誇るハム、ソーセージ。フライドポテトや茹《ゆ》でたトウモロコシ。ポテトサラダも山のように……。

別のコーナーに用意されているグラスも氷も人数分の三倍はあるだろう。ウイスキー、ジン、ウオッカの瓶は林立し、ビールやコークなどはふんだんに箱積みされているありさま。

「鬼ケ島から凱旋するときモモタロさんが持ってきた、車いっぱいの宝物」小さいころに絵本で感じ入ったあのときの気持に勝るとも劣らぬ、絢爛豪華な一大ページェント。

普段と違って、このパーティーはプライベートだから、バンドも飲み食いすることを大目にみてもらえる。これがこの仕事での〝玉〟だ。といっても皿をあまり大盛りにしては目立つので、ちょこちょこと何回もまめに取りいくようにはしていた。

この日は客に早変わりしていたのか？　クラブのウエイトレスたちの姿はない。どのコーナーにも日本人の男の従業員がついていた。料理を取りにいくとうろんげに見られるのは、なんとも肩身のせまい思いではある。

しかし、どんな眼で見られようとも、私たちがいちばん気にしていたのは、パーティーが終ったあとの残った料理についてなのだ。

ラストナンバーは「グッドナイト・スイートハート」。照明が暗くなり、踊る人々の影が静かにゆれている。しかしその向こうの方でも、何やらあわただしく動く影が見えるのだ。

「ありゃ、もう片づけはじめたのかな、大変だぞこれは——」

演奏が終り、楽器をしまうのもそこそこに、控え室から会場へとって返した。

すでに客たちは引き揚げはじめていて、ガヤガヤゾロゾロ、出口のあたりにはその渋滞がみられるが、宝の山のまわりはガラガラでもう誰もいない。

ところが、再び明るくなった会場の奥のテーブルまでたどりついたらこりゃどうだ。

なんとまあ、ついさっきまで山のようにあったローストビーフも、ハムもソーセージも、きれいに姿を消しているではないか——。

「なるほど」、休みの日なのに男の従業員があんなにいたのはそれがあったからか、——「そうか」、これが彼らのその日の役得だったのだ。

「ショウガネエナア……」

わずかに残されたサラダやポテトを睨んで、オカブーが不満気にうめいた。バンドのメンバーもみんな楽しみにしていたから、それ以上声も出ない。

「オッ、こりゃ何だ？……おい、ちょっと」

別のテーブルの前からネコさんが手招きしている。近寄った皆はその指さす先を見た。

銀色に輝く、大きなバケツ、のような入れ物。

のぞきこむと、アイスクリームがまだ八分目は詰まっている。ティースプーンですくって一口食べてみた。

「旨い、これは旨いや」

最近の若者たちに味わわせても、そう言ってもらえるほどの旨さ、だった。

「……でもなあ……」

それぞれが皆、まわりを見渡した。思いは同じなのだ。まさかこの高価《たか》そうな、しかも大きなバケツを、それごと持っては帰れない。そんなことをしてごらん、帰りのゲートで、MPに捕まることうけあいである。

いくら見まわしても、これだけの量のアイスクリームを入れていく器なんてありはしなかった。未練がましくまた一口食べる。

「ううーん」

しかたがない、ザンネンだがあきらめよう、誰もがそう思ったとき、

「これは、ドウダ」

思慮ぶかげにオカブーがつぶやいた。

「なにが?」全員のふり向きも今度はゆっくりしたものだった。

窮余の一策とはいえ、さすがオカブーである。こんな名案?を、他の誰が考えつくだろうか……。

テーブルの隅に、三斤入りの食パンの入った包みが何個か置いてある。パーティーの客は食べなかったらしくて、ほとんど手がつけられていない。

その包みを、口のあいている方を下にしてそうっとゆすれば、中身は〝スットン〟と落ちてきて、あとには食パン三斤分の形をした長四角の袋が両手に残る。袋は〝ろうびき〟の、かなり分厚い紙でできているから、アイスクリームの容器としても充分

に使えそうだ。

「底が抜けないように気をつけてな」

銀色のバケツから手分けして詰め替えて、いくつものアイスクリームの〝お持ち帰り《テイク・アウト》〟が出来あがった。

「まるで乞食じゃないか」と嗤う人がいるだろう。でもあのころだったら同じ行動をとる人も多いと思う。

基地から出るときは、ゲートに立っているMPがいつもよりいかめしく見えた。何ごともなく通過できたときには、非常線をすり抜けた銀行ギャングの気持が分かるようだった。

破れたらおしまいと、袋の底をしっかり押さえて、用心しいしい立川駅から中央線に乗り込んだ。

日頃ご厄介かけているオカモト家の人々や、お手伝さんのフミちゃんにもこんな旨いアイスクリームを食べてもらいたいとの気もあったが、お相伴《しょうばん》して自分もユックリ味わってみたい思いの方がより強かった。その晩ほど荻窪駅からの道のりを遠いと感じたことはない。私たちは慎重に、かつまた急ぎ足で歩いた。

これほど苦労したにもかかわらず、このもくろみは大失敗だった。もう冬も間近という気候だったのに、オカブーの家に帰りついたときには、アイスクリームはもはやポタージュスープのようにトロトロになっていたのだ。

家の人たちに「アッハッハ」と笑われ、無念の思いとともに、私はこの甘すぎるポタージュスープを残さず飲んでしまった。

それから半年もたたずに、突然オカモト兄弟は、「学校の勉強があるから」と、せっかくの楽しいバンド生活に終止符をうってしまった。

何といっても私たちはまだ学生、それも高校生なのだから、勉強と言われればそれに反対する理由などあるはずがなかった。

それでも、両立もあるのじゃないかと私は彼らを説得しようとした。哀願ともなった——どんなにしても彼らの意志は強固であった。

だからこそ現在のオカモト兄弟は、日本の超一流の企業で、それぞれ立派な地位にあるわけなのだし、私は私で、この世界をなんとかやってきているのだから、お互いに「あれは正解だった」と言えるのだが——。

オカブーたちに「バンドをやめる」と聞かされたとき、学校の勉強に熱を入れるつもりのまるでなかった私は、乗りかかった〝ウェスタン〟という船から下りることもできずに、ただただ途方に暮れるのみであった。

ジョン・ウェインじゃあるまいし　1951

終戦後の日本に、ウェスタン・ミュージックを最初に広めたスターは、なんといっても黒田美治《くろだびじ》である。NHKのラジオから流れてきたその歌声を初めて耳にしたのは、昭和二十四年ごろ、私が中学二年のときだった。

黒田美治は、男爵家の次男として生まれた。ロンドンに育ったのは父親が銀行マンで英国勤務だったからである。帰国後に学んだ学校は学習院、慶応。横浜のセント・ジョセフに通学していたこともあるというから、英語はお手のものだったわけだ。

背も高く、端正な容貌にマッチした品のあるソフトな歌声は、その経歴とともに、まさに鬼に金棒といったところである。女性ファンがやたらに多いことでは、灰田勝彦以来久々の、という感があり、私は、憧れたというよりむしろ、うらやましくてしようがなかったといっていい。

彼の属していたバンドの名は、〝チャックワゴン・ボーイズ〟。学習院時代の友人たちと始めたそうだから、学習院というのは、のちの慶応、青学、成城、法政などの、いわばカレッジカントリー的なウェスタンバンドの、草分けだったことになる。

そのころに一度、私は学校帰りの小田急の車内で、黒田美治を見かけたことがあるのだ。

ほかの乗客から抜きんでたその長身のせいで、少しはなれた場所からではあったが、彼だということがすぐ分かった。自分とはまったく別な生きものに思え、まるでタヌキがキリンを仰ぎ見たかのように、一人コソコソしていた覚えがある。

日劇で彼を観たときのことも忘れられない。西部の酒場が舞台に現われ、そこにたむろしている荒くれカウボーイたちを背景に歌うのだが、そのカウボーイが皆ホンモノの外人だったのにびっくりした。占領下なのに外人をバックに使うとはエライものだと感服した。

あとで聞いたところによると、これはセント・ジョセフのころの仲間の、E・H・エリック兄弟とか、ウイリー沖山といった人たちの特別出演だったのだそうだ。どうりで西部の雰囲気がよく出ていたはずである。とにかく黒田美治にはまいっていた。

さて、オカモト兄弟に去られてしまい、途方に暮れていた私だが、そこへまた、耳よりな話というまでにはいかなかったが、次なるバンドの口がかかってきた。

バイオリン弾きのトザワさんというオジさんがそのバンドのマスターである。この人、そのときすでに四十をゆうに越えていたような気がするが、いったいいくつだったのだろう。私が若かったせいでそう見えたのかもしれない。当時の四十歳は今よりも確実にオジさんだった。

トザワさんはやせていた。背も小さいが顔も小さい。ややひっこんだ丸い眼、ピピッととび出ている鼻毛や、深くきざまれたひたいのシワなどに、なんともいえぬ生活の苦労がにじみ出ている。おそらくタンゴとかシャンソン、その類いの音楽畑を歩んできたはずだ。ところが進駐軍の御代《みよ》となり、バイオリンならウェスタンの方が稼ぎになるからということで転向したみたいだ。ほかのウェスタンバンドにもそういう前歴の人は大勢いたのだから。

トザワさん以外は、皆二十歳《はたち》そこそこの連中で、スティールギターとベース、それにギター兼シンガー。たった四人だけの、いささかさびしい編成ではある。

バンマスは、自分のバイオリンを中心にしたレパートリーをもっと増やしたいのだが、タンゴなどとはまたフィーリングが違うから、なかなかおいそれとはいかない。もう一人ぐらい歌うやつがいても……ということらしく、とにかく私はこのバンドに入ることになった。とはいえ、実際はバンドボーイがいないので、歌手よりも荷物運びが忙しい。

米軍キャンプの仕事は、車での送迎つきと、電車で行くときとの二通りあった。車といっても、送迎に使われる車は、幌つきの〝シックス・バイ・ツー〟と呼ばれる大型の六輪トラック、もしくは〝ウエポン・キャリア〟という中型トラックのいずれかで、たまには軍用だがバスがくることもあり、こちらは嬉しいものだった。

バスで行ければ人間並みだし、ましてやそれが冬だったりすればもう大助かりである。

府中、立川、横田、ジョンソン（入間《いるま》基地）方面に行くときには、新宿の甲州街道口。木更津《きさらづ》、白井、習志野《ならしの》方面のときは、東京駅の降車口が集合場所。淵野辺《ふちのべ》とか座間、厚木だと、よく電車で行かされた。バンドボーイを兼任していた私は、集合時間よりも三十分は早く行って、前夜から置いてある駅前の〝手荷物一時預り所〟から楽器をうけ出しておかなければならない。

終点ひとつ手前の〝南新宿〟を発車して約二分、ほとんど電車らしきスピードも出さぬまま〝稲田登戸〟発の〝各駅停車〟がくねくねと新宿駅にたどりつく。その最後尾のドアが開くのももどかしく、まるで放たれた矢のごとくとび出した私は、その勢いのままプラットホームの外れの木製の階段をピョンピョン駆け上がる。

改札口では、リレー競争でのバトンタッチのように「ハイッ」と駅員に切符を手渡し、駅舎を出たあたりでハアハアいいながらようやっと足をとめるのだった。

西陽をいっぱいにうけて目の前にひろがる甲州街道は、この時間にもなると行き交う人も車もなんだかほこりっぽくて、色あせた古い写真を見るようだ。息を弾ませながら、うしろを振り返る。改札口の上に吊り下がっている駅の時計が四時半ちょっと前を指している。

「なあんだ、らくらくまにあったじゃないか」

高校生の私は、まだ腕時計を持っていない。

「オレには仕事があるんだから、時計ぐらいなくちゃなあ」

そうは思っても、腕時計は高いから、たとえ質流れの安物だろうがとても手のとどくものじゃない。高校生のくせに時計はめてるやつなんて、私の同級生にはそう何人もいやしなかった。

走ってくるオート三輪を一台やりすごしてから、ゆっくりと街道を向こう側に渡る。

甲州街道が右へゆるやかに下りはじめるその道路っ端に、

「手荷物、一時預り」

と書かれた看板の掘立て小屋が、四、五軒並んでいる。昨夜、定期入れにしまっておいた預り証を確かめ、一軒の店先に立つ。

営業中は、小屋の表の板戸を外すのだ。すると針金で吊ってあるその戸が下がって、カウンター代わりになる仕組みにできていた。下から棒で支えてもある。カウンターの板は汚れているし、すりへってもきていたから、とても重たいものはのせられない。重いものやかさばるものなどは、脇のしもた屋風のガラス戸がはまったところから出し入れするのだ。

「建てたとき、いったいどうやって資材をかき集めてきたんだろう」、そんな興味をいだかせるぐらい、この小屋はちぐはぐな造りだった。

なにはともあれ、窓や戸のための建具類を獲得してきて、それに合わせて入口その他を考えたものと見える。一応板張りにしたつもりの小屋の外側だって、板のたりない部分は錆だらけのトタンとか、それぞれかたちの違うブリキの切れっぱしなどで器用に埋められている。でもまあ、りっぱに〝建物〟ではあった。

「こんにちはー、おねがいしまーす」

店のオジさんは顔なじみだから、私のさし出す預り証などろくすっぽ見もせず、奥から荷物を出してきてくれるのだ。

スティールギターの入ったケース、ウッドベース、アコースティックギター、それとミカン箱ほどのアンプ兼スピーカーボックスの合わせて四個。一晩いくらの勘定だから、バンマスからことづかってくる金はいつもぴったりのお釣りなし。

「ちょっとこれ、見ててください」

楽器を店先に置いたままで、私はゆるやかな坂を下った。ちょっと下ると甲州街道は広くなっていて、そこにはもう、モスグリーンに塗られた米軍のトラックやバスが十台以上集まってきている。

「えーと、今日は、横田だから……」

横田基地なら空軍《エア・フォース》だから、車はブルーに塗ってある。トラックよりはバスの方がなんといってもラクチンだから、できればバスに願いたい。希望的観測で、

「ブルーのバス、ブルーのバス」

と見まわすのだが、どうもその様子はないようだ。

「やっぱりトラックかなあ」

日本人の運転手たちが、車から下りて雑談に花を咲かせている。近寄って訊いてみた。

「すみませーん、横田のNCO（下士官クラブ）なんですけどおー」

「おう、あれだよ」

一人があごをしゃくったその先に、幌つきの〝シックス・バイ・ツー〟が、そびえ立つほどのデカさで駐まっている。

「あ、わかりました、どうも……」

急ぎ足で私はもとの一時預り所までとって返した。

まず、大きなウッドベースを担いでいってトラックの荷台へ「ヤッコラショッ」とのせると、お次はアンプ。最後にギターとスティールを両手に――都合三回行ったり来たりすると積み込みは完了。あとはメンバーたちの到着を待つばかりである。

あちこちの預り所から、ほかのバンドのボーヤたちが同じように忙しく楽器を運び出している。そのほとんどが、もっと人数の多いダンスバンドだから、ボーヤだって二人も三人もいる。でもドラムセットは運ぶのに手間がかかりそうだし、「うちのバンドはドラムがいなくて、ホントに良かった」と、いつも私はそう思ったものだ。

道をふさぐほどの荷物が山積みになっている。こちらは〝フロアショウ〟の人たち。バンドマンたちよりも、〝ショウタイム〟に出演する芸人の数の方が、日によってははるかに多いこともよくあった。ストリッパー、アクロバット、マジック、太神楽《だいかぐら》、猿廻し、居合抜き、ボクシング。まったくありとあらゆるものが米軍クラブではショウの対象となりえた。

いくつもの大きな木箱や、表革がささくれたような、年代物のトランク。何に使うのか物干しのような鉤《かぎ》のついたポールが二本、その脇には布のかぶさった鳥籠とか……。これは相当大がかりな〝マジックショウ〟らしい。

「ハイごめんなさいよ、ハイハイハイ」いせいよく声をかけながら坂を下りていく。

そんな人たちにぶつかったりされながら、テナーサックスだろうかあれは？　楽器ケースを抱えて立ちつくす男がいる。トランペットを持った男も……。ちょっと気をつけて見れば、そこここにそういう妙にくすんだ感じの男たちが立っているのがすぐ分かる。

「トロンボーンひとり！　いないかあ」

大声で人混みをぬって行くのは、三流芸能社のマネージャーだろう。

「トロンボーン、ひとりひとり！」

「……あのう……テナーは？」

おずおずと近づいた男を一べつすると、

「あーあんたか、あんたはダメだ。こないだでこりたよ」

言い捨てて——もう雑踏にまぎれてしまった。「トローンボーン！」の声だけが聞こえている。

派手なトッパーコートを羽織り、スカーフを髪に巻いた女たちが来る。「ショウダンサーだな」、興味津々で見とれている私の横を、しきりに喋り合いながら通り過ぎていった。香水の匂いだけがご挨拶がわりに残る。

「チェッ、なんだあいつら……」

風の強い日などは、舞い上がるほこりのせいでこのあたりはいっそう茶色っぽく色あせて――今思えば、あのころの新宿駅甲州街道口の喧騒は、フェリーニの世界によく似ていた。

基地のクラブでの演奏を終えて、帰途につくとき、送りの車がバスだったりするととくに、さっきまで私たちの前でGIたちと飲んだり踊ったりしていた日本人の女性たちが、

「ちょっとお、このバス新宿へ行くぅ？……あ、そう、ちょうどよかったあ」

などと言いながら大勢で乗りこんできたりする。その女たちにつきまといながらGIたちも、どうせバスは基地まで戻ってくるのだからと、ウイスキー瓶片手に気楽に送ってくる。

土曜日だったり雨降りだったりすると、バスはたちまち満員になってしまうのだ。

「ねえー、なあにこの楽器、もうちょっとちゃんとまとめなさいよー、ジャマじゃなーい」

本来は私たちのための送りのバスなのだが、言われればおとなしく言うことをきくしかない。飛ぶ鳥落とす進駐軍様が同乗なさるのだから。

ウイスキーがまわし飲みされ、車内に充満する笑い声、嬌声、放歌《ほうか》高吟《こうぎん》。

「ギターを貸してくれ」などと言われて、彼らの一人が弾きはじめるとこれがなかな

か達者で、バスの中はいっそうにぎやかに盛り上がる。

途中で酒がきれてしまったりしても、彼らは新宿までの道すじの、どこいらへんに酒屋があるのかを先刻ご承知だから恐れ入る。運転手に命じてバスを停めさせ、その店が閉まっていようがかまわず戸を叩いて起こし、一応酒屋の主人に腰をかがめて最敬礼などしながら、二、三本買ってくる。それが日本酒であることもよくあった。とくに黒人兵の場合には〝赤玉ポートワイン〟が多い。彼らは甘い酒が好きなようで「アカダーマ、アカダーマ」を連呼する。そしてバスの中には、あの日の丸のようなマークがついた赤玉の空き瓶がゴロゴロしはじめるのだ。

同じバスの、それも一カ所にかたまって、でも私たちは意気消沈もしていなかったし、腹をたてたりもしなかった。あまりジロジロとは見ないようにしていたが、GIたちはバスに乗りこんできたとき、「ゴメンナサーイ」と言うことはあっても、偉そうにすごんだことは一度もなかったから、トラックにゆられてバンドだけでひっそり帰るよりもよっぽど面白いし、楽しい眺めでさえあったのだ。腕組みしたまま、トザワさんだけがずっと瞑目しつづけていた。

米軍基地には、大別すると、ＥＭ（兵隊）、ＮＣＯ（下士官）、オフィサーズ（将校）の三つのクラブがある。偉くなっていくにつれて平均年齢も高くなっていくのは当然だが、クラブの雰囲気もそれにつれて上等になっていく。

ＥＭ（エンリステッドメンズ）クラブは、海軍ならシーメンズクラブ、空軍ならエアメンズクラブと呼ばれ、これでも兵士なのかというほど少年っぽいＧＩが多い。クラブはいつも活気に満ちていた。

酒の飲み方にしたって、ただもう無茶苦茶だから騒々しいことこの上ないが、ウェスタン好きの連中がそろっているので、ついそれにのせられて私たちの演奏にも熱が入る。それほど給料をもらっていない連中なのに、バンド控え室にビールが届いたりするのはＥＭクラブがいちばんだった。

ＮＣＯ（ノンコマンディング・オフィサーズ）クラブの客層は若者から年輩者まで年代の幅が広く、奥さんづれもよく見うけられた。ウェスタンがうけることではＥＭクラブと変わらないが、ときどき、とんでもなく古いカウボーイソングのリクエストなどがきて、私たちをあわてさせるのもこのクラブの特徴だった。

黒人兵はウェスタンを好まないから、私たちの出演する日にはめったにその姿を見せない。クラブまではやってきても、彼らはバーラウンジとかゲームルームなど別の場所でたむろしている。

白人兵といってもさまざまだ。ウェスタンは南部を中心とした音楽だからどうしてもその方の出身者に人気がある。では北部東部の出身だと嫌がるかと思えばそれがそれほどでもないのだ。けっこう一緒に楽しんでくれている。

ただし、南部の象徴である「デキシー」という曲が演奏されたときだけは別だ。南部出身者は一斉に立ち上がり、拳を宙に突き上げて高らかに歌う。足を踏みならし、口笛鳴らして大いに気勢を上げるのだ。

すると北もだまっていない。デキシーが終るのを待ちかねて、今度は「ヤンキードゥードル！」「ヤンキードゥードル！」のシュプレヒコールが巻き起こる。私たちもデキシーのあとにはすかさず、あの〝アルプス一万尺〟のメロディーでおなじみの北軍のマーチ、「ヤンキードゥードル」を演奏するのがキマリとなっていた。もちろん北部出は先ほどに負けじとハッスルする。

基地の中ではお互い戦友同士だからそれほどの混乱は起きなかったが、彼らの目の色を見ていると、早慶戦の応援合戦のようでありながらそれとくらべることもできない何か根深いものが感じられた。南北戦争以来百年にもなろうというのに、いまだに残っている両者の確執ぶりが、なにも知らない日本人の私には、不可思議でさえあった。

それにひきかえ、オフィサーズクラブは、なんといっても将校サンだからお上品なものだ。南部出身のオフィサーだってかなりいたはずなのに、まるでそのことを恥じて隠すかのように（その傾向はあった）、オツにすました夫人同伴の多い将校クラブでは、ウェスタンはまったくといっていいほどうけなかった。

　どこのクラブにもメス（MESS）と呼ばれるダイニングルームが、建物の奥まったところにある。バンドが演奏するボールルームでは飲み物だけだから、食事する兵隊はメスで済ませてからボールルームにやってくるのだ。

　クラブ内部の飾りつけは、どこでも似たようなものだった。アメリカ映画に出てきた日本を思い出してもらえば早い。

　ずらりと吊された提灯の列、野だての傘、桜の造花、壁には額入りの浮世絵。赤い鳥居のミニチュアが各テーブルにあってそれにメニューがぶら下がっているのも見たことがある。

　どこのオフィサーズクラブだっただろう、玄関を入ったすぐに、小さな池をしつらえて、あやめの造花を植えこみ、そこに小ぶりの太鼓橋が渡してある。欄干を赤く塗って、柱には、小癪《こしやく》にも金色の擬宝珠《ぎぼし》までついていた。

　あまりにこういったインテリアを見すぎたせいか、今でも私はこの種のものに、それが純然たる日本のものであるにもかかわらず、どうしても〝アメリカ〟を感じてしまう妙な習性が身についてしまっている。屏風、舞扇、京人形、そういうものにまで。

　GIたちにおごってもらって、ビールの名もずいぶん覚えた。最近は日本でもそうなったが、彼らはオーダーするとき必ず銘柄を指定する。「おーカッコいい、いつか真似しよう」。でもいまだ自分から指定したことはない。

いちばん飲まれていたのはバドワイザーやシュリッツ、パブスト（ブルーリボン）など。ツボルグやハイネケンはアメリカからみると外国品だから値段も少し高かった。いいとこ見せようとしたわけじゃないだろうが、GIたちは「これが旨いぞ」と、すぐハイネケンを推めた。あの鮮やかなグリーンの缶はまだなくて、ハイネケンは透明な瓶だった。

ウイスキーではカナディアンウイスキーに人気があり、CC（カナディアンクラブ）VO（シーグラム）のコークやジンジャーエール割りがいちばん飲まれていた。一杯目は旨いと思ってもなにしろ甘いから、そう何杯も飲めるものじゃなかった。それがなんと今では、懐かしさも手伝って私はカナディアンウイスキー党なのである。しかも二、三杯ではあるが、コークで割ったりもしている。

兵隊は、酒、煙草は割当制で、月にこれだけという量まではPX（酒保）で買えるのだが、それ以外にクラブでボトルごと買おうとすると、その場で必ず封を切られる。煙草も一人二箱と決まっていて、これは横流しを防ぐため。そういうことにはクラブのボスがかなり注意ぶかく目を光らせているようだった。

どこのクラブの入口にも、そこのスタッフの顔写真や名前、階級が貼り出されていた。

Canadian Club

〝ボス〟と呼ばれるマネージャー、以下アシスタントクラスが二、三名、EMやNCOのボスはサージェントが多い。クラブ運営の適性だって重要視されるだろうに、なぜか歴戦の勇士風で、金勘定の苦手そうな男ばかりだった。兵隊同士のケンカ、ことに女をめぐってのトラブルなどは日常茶飯事のごとく起きるのだから、勇士風でないと勤まらないのだろうか。


横田基地のNCOクラブに、やはり典型的な〝勇士風ボス〟がいた。

初めてそのクラブに行ったとき、私たちは日本人マネージャーにこう言われたのだ。

「おたくたち、『ダニーボーイ』をやる？　だったら、うちのクラブではよしてよ。ボスにまずいからね」

意味がよくのみこめなかったが、私たちのバンドのレパートリーに「ダニーボーイ」はなかったから「分かりました」とだけ返事をしたのだが、それでもマネージャーは心配そうな表情で念を押すように、さらにこうつけ加えた。

「ここのボスは、昔、ダニーという名の子供を事故で亡くしたんですよ。一人息子だったようで、それからずうっと『ダニーボーイ』という曲を嫌ってんのよ。うちのクラブであの曲やったら大変だよ」

クラブ専属のダンスバンドにはもちろんのこと、ショウで入る歌手や踊りの連中にもこのことは徹底させていたようだ。

マネージャーの言によると、一度だけそれが破られたことがあるそうだ。それはフィリッピンから来た男性歌手で、彼らは当時、戦勝国の人間としての特権意識を持っていたから日本人の言うことを聞きいれない。音合わせのときに皆でとめたのだが、バンマスに強く命令して伴奏させ、ショウタイムに「ダニーボーイ」を朗々と歌い出した。のちに日本でも活躍した、ビンボー・ダナウ、マノロ・バルデス同様、フィリッピンの歌い手は概して声がよくとおる。

“Oh Danny boy, the pipes, the pipes are callin'”

何も知らずに、ホールの後方からショウタイムを見守っていたボスはとび上がらんばかりに驚いた。が、客席を埋めた常連のGIたちのビックリしかたといったらそれどころじゃあなかった。ボスの「ダニーボーイ」拒否症は、このクラブの客たちのあいだでは周知のことだったのだから……。

「さあ、どうなる？」

満場の視線は、一斉にホールの後方へ集中した。

ツカツカッとステージに歩みよったボスが、それからどうしたのかは言うまでもない。

その後、このボスが軍務を全うして帰国することになった。そのとき彼は、「私はべつに急ぐ必要もないので、船で帰りたい」、そう願い出たのだそうだ。アメリカ兵が帰国するときは、軍用機を利用するのが普通なのだが、軍用船というものだってある。古参のサージェントに、そのぐらいの無理は通ったのだろう。歌の文句じゃないが、ヨコハマの波止場からフネに乗って、日本を離れる日、岸壁までクラブの従業員やバンドの連中が見送りに行った。

別れのドラが高らかに鳴った、かどうか、軍用船ならたぶんそれはないだろうが、船がしずしずと動き出したそのとき、専属バンドは初めてボスの前で「ダニーボーイ」を演奏したという。軍用船はもう引き返してこない。

「アタシも涙がでちゃって、ボスの様子がどんなだったかは、こっちからよくは見えなかった。ただ……むやみと手を振ってたなあ」

これは、その日本人マネージャーの述懐である。

私も何回かこのボスを見たことがある。たしかに勇者風の大男だった。それは別として、この話、良いには良いがちょっぴり出来すぎの感じもある。

なんだか、ジョン・ウェイン主演のテレビ映画（そんなものあるわけないが）みたいではないか。だがこのタイプのボスが、進駐軍クラブに多かったのは事実である。

ワゴン・マスターズ入団記念日 1952

若さから生まれてくるエネルギーはすさまじい。とくに、それが自分の熱中するものへと注がれるときは、研究心も吸収力も旺盛なうえに、身体も疲れを知らないから、ただひたすら邁進《まいしん》することができる。そのころの私がそうだった。

夜は米軍基地のクラブ廻り、それが週に平均三、四回、時折五回ということさえある。

ひまをみつけては新曲を覚えるのに余念がなかった。GIたちのリクエストに応えられず、「ネクストウイーク、OK?」、「OK、ネクストウイーク」これがそのころもっとも得意とした英会話? なのだから、新曲覚えはその産物である。まちがいだらけのスペルで、GIたちが書いてよこした歌詞や、彼らに頼んでやっと手に入れた宝物、何冊かのカントリーソング・ラウンドアップ（ウェスタンの歌詞が掲載されている雑誌）。それを睨みながら聴くFENのラジオ放送が、勉強する手段のすべてであった。若さが手伝ってくれるから、その四、五年後とだってくらべものにならぬほどのハイペースでこなせていけたのだ。

それ以外の時間があれば学校に行く。それも前の晩おそくまで仕事、ということが多かったから、だいたい午後からおもむろに出向くのである。一応は高校生の私の、ここがいちばんのネックだった。

このころはもう、代々木八幡の自宅へ戻ってきていた。私の両親は、それぞれに仕事を持っていて、一日中家を空けることが多い。私がどんなことをしているのかよく知らないようだ（と、オメデタクも私はそう思っていた）。

留守は母方の祖母がとりしきっているのだが、パチンコ好きのバアちゃんで、なんやかやと口うるさいわりには話が分かり、私のいちぶしじゅうを知っていながら、告げ口などはしない。そんな義侠心のようなものがあった。

高校生が午後から登校していたらショーバイにならない。そのことを教師からあれこれ詮索されたりしたら、収拾がつかなくなるだけだから、教室には近づかなかった。学校から家庭宛てにくる手紙や電話は、私とバアちゃんとが、あうんの呼吸でうまく処理し合ったものだ。

昼すぎに学校へ行き、なるべく校舎から遠いところ、グラウンドの外れにある小川のほとりづたいに、こっそりとラグビー部の部室に入る。仲間たちがやってくるまで、ウェスタンの歌詞を写し溜めたノートをひろげ、ほどほどのボリュームで歌のおさらいをやっていれば、時間はすぐ過ぎる。ラグビーの練習が始まり、ジャージーに着替えてグラウンドに散らばってしまえば、担任が見たって、もうどこに誰がいるのかなんて分かりゃしない。早い話、学生の本分そっちのけで、ウェスタンとラグビーにだけエネルギーを注ぎこんでいたというショウガナイ奴だったのだ。もし私が親だったら、ただじゃ済まさない。

ラグビーが終れば、シャワーも浴びずに（当時、部室にシャワーなどなかったが）新宿駅や東京駅まですっとんで行くこともある。練習を早退《はやび》けさせてもらったこともある。それでもレギュラーから外されなかったのは有難かった。

定期戦で吉祥寺の方まで行き、試合が終ってそのまま新宿へ出て、朝霞のキャンプへ行ったことがある。

その日の試合では、開始早々、相手のバックローのすばやいツブシにあって、スクラムハーフの私はコテンコテンに踏んづけられた。カーッとなった。いつもはタックル嫌いで通っていたくせに、人が変わったように、自分のポジショニングも忘れてタックルしまくり、ついには走っていく敵のうしろから、ダイビングするように足首めがけて両手をのばした。こんなタックルでは、相手の靴底がまともに顔面に入るにきまっている。

昔のラグビーのスパイクは、分厚い革のきれっぱしを何枚か重ねて釘で打ちつけ、それをけずってトンガリをつけたものだったからタマラナイ。おでこ、頬、鼻、口からあごへと、スパイクの数と同じだけの穴があいて血だらけになった。試合場から仕事場へ直行した私は、赤チンをつけただけの、そのままの顔で、その夜のステージに立ったのだが――。

「どうしたんだお前の顔は？」

「ケンカしたのか」

「どんなファイトだったんだ」

GIたちは、その内容までさかんに聞きたがる。ケンカということにして、最初のうちは身振り手振りで大げさに説明していたのだが、ケンカ話の好きな連中のあまりの多さにまいってしまった。ホラ話を続けるのは、英語じゃ忙しすぎる。とうとう私は「ナッシング、ナッシング」と控え室に逃げこんでしまった。

キャンプで、ウェスタンを歌うとき、どんな恰好をしていたかというと、まず、ウエスタンハットだが、なんとも質の悪いフェルトでできている、もちろん日本製だ。

そのころメイド・イン・ジャパンという言葉には、粗悪品の代名詞といった響きがあった。カウボーイハットにフェルトがペナペナじゃあ、広いつばがたれ下がってしまう。仕方ないからツバは黒い糸で吊っていた。遠くからは見えない。メイド・イン・ジャパンの智恵だった。シャツはチェックを三枚持っていた。男物で派手なチェックはなかなか手に入らなかった。そのせいか、私の三枚は色も柄も、どことなく婦人ものを思わせた。

ズボンだけは良いものである。渋谷大映の向かい側のナントカ横丁で、古着屋との交渉の結果、なけなしをはたいてやっと買うことのできた、やや紫がかったグレーのギャバジンなのだミナサン！

まるで後光がさしているような、微妙な光沢にうっとりする。これが、私の自慢できる唯ひとつの衣裳だった。それが、ある日の昼下り、このズボンをはいていつものように午後から学校へ行こうと、のんびりと小田急に乗りこんだ。これがいけない。人間普段の心掛けが悪いと、どんな目にあうかワカラナイ、その見本になった。ながらがらの車内の、少しはなれたところに、他校《よそ》の学生服を着た不良っぽいのが四、五人たむろしていて、こっちを見ているのだ。

ギャバジンのズボンをはいている私だってとてもマジメそうには見えないだろう。おまけにこっちは一人。「おい、チョットチョット」の声がしたなと思ったらもうとり囲まれていた。

豪徳寺の駅で降ろされて、そのうちの番長格らしいやつに、

「キミ、いいズボンはいてるなあ、俺のと取り替えてくれないか」

なんだかオダヤカに言われて、閑散としたホームのいちばん外れまで歩かされて、そいつらの輪の中でギャバジンを脱ぎ、代わりにきたない黒ズボンをいただいて……釈放だった。怪我しなかっただけましなのだろうが、それにしても惜しいことをした。


これほど授業に出てこない生徒を置いといてくれる高校なんて、全国まずどこにもないだろう。父は、ついに学校に呼び出され、私はラグビー部にまでも別れを告げさせられたのだ。

「なぜ学校へ行かなかったのか?」とか、「夜はどこへ行ってるんだ?」などと、そのことでは当然親から詰問されたり叱られたりしたと思うのだが、不思議とそういう記憶はまったく残っていない。ウェスタンに専念する生活が、変わってしまったというわけではなかった。

登校に及ばず、ということになってしまうと、たとえ前の晩がおそくても、かえって朝は今までより早く起きてしまったりするものだ。小学生のころの名古屋でもこの経験はあるのだが、こんどは事情がまったく違う。

学生たちには、もうじき楽しい夏休みが来ようというのに、私はもう、とっくにずうっと夏休みなのだ。こうなることにあこがれる気持もあったはずなのに、現実となってみると空しさは日増しにつのる。寸暇を惜しんでこそ、ヤル気にもなった歌の勉強だって、ここまで時間が余るとかえって手につかない。さわやかな季節なだけに、よけい胸のつかえはズッシリとしてくる。

〝目に青葉、山ほととぎす、オレひとり〟

こんなことなら、もう少し勉学にいそしんでおけばよかった、とはさらさら思わないが、学校にだけは行ってみたい。ラグビー部の仲間の練習ぶりだけでも覗いてみたかった。

それほど深刻な気持からではなく、思いつきでヒョイと小田急に乗った。ついこのあいだまでは「もしや教師に見られはせぬか」と、キョロキョロしながら歩いた小川ぞいの道だが、もうその心配はいらない。やましさがないとは言えないが、刑期を終えて出所したようなもので、知った人に会いたくはないが、会えば会ったで仕方がないや、だ。

葉桜の木陰から窺うグラウンドには、制服姿の中学生がソフトボールをやっているだけ、ラグビー部員はおろか高校生の姿はまるで見られない――。

「そうだよなー。まだ午前中だもんなー」

小学校のころからの、いろいろな思い出だらけのこのあたりを改めてゆっくり歩いてみた。

小川の上流にある学校のプールへと続く土手に、猫柳の木が何十本と生えている。そういえば映画のロケというものを、初めて見たのもこの辺りだった。

白っぽい紋付を着流しにして、徳利背負った浪人姿の山村聰《やまむらそう》が川面を見つめているシーンだった。「そうか、この小川を利根川に見たてていたんだ」、今ならあれは平手《ひらて》造酒《みき》だったと分かるのに……。

ワイワイはしゃぎながら撮影隊をとりまいて、「シズカニシテ！」とおこられても、山村聰が口から吐く血のそれが、チューブ入りのチョコレートだったのが珍しいのと、うらやましいのとで、なかなか静粛にはなれなかった。あれは中学生に上がったばかりのころだ。

「そうだ、ケビリさんの家に行こう」

急に、ケビリさんを思いついたのは、ケビリさんが、ゲーリー・クーパーに似ているというよりは、むしろ山村聰に近かったからかもしれない。ラグビー部の先輩で、私のウェスタンの先生であるケビリさんの家なら、ここから歩いても十分とかからないじゃないか——勝手にごぶさたしてずいぶんたつけど、ケビリさんの機嫌さえ良ければ……。

古い洋風の家は、敷地がかなりの広さだし、樹々が生い繁っているから、表の道路からは屋根の端がちらっと見えるていど、楽聖の生家といった趣きがある。隣近所もみんな、そういった家だ。

裏木戸から入って、アジサイの繁みを抜け、庭を横切ってケビリさんの部屋の窓の下まで行き、「ケビリさん……」と呼んでみた。

「おう」

声とともに窓が開き、ケビリさんが顔を出した。

「おお、コサカか」

「なんだ、今日は?」とか、「どうしてたんだ?」とも言わないが、ご機嫌は悪くなさそう。

「やっぱり、ゲーリー・クーパーかな」

「なに言ってるんだ、おう、入ってこい入ってこい」

再び庭をまわってベランダのところまでもどり、そこから上がりこんで食堂を通って、勝手知ったるケビリさんの部屋に入った。

「コンニチハ、ごぶさたしました」

「ああ、ずいぶんお前、うちに来なかったな」

「エエ、スミマセン」

「あ、お前、学校をやめたんだってなあ」

いや、それは……、やめたんじゃなくって——と訂正しようと思ったけれど、折角ヤメタと言ってくれてるものを、いまさらこだわることはない。

「エエ、とうとうね」

「フーン、そうか……、ところでお前、どっかで歌ってるんだってなー」

このことを言われるとは、ケビリさんの家に行こうと思いついたときから覚悟はしていたけれど、いざとなるとやはり照れくさいし、先生のケビリさんに断りもなしに他所《よそ》で勝手に歌いはじめたのだから申し訳なくもある。

すでにケビリさんは、同じウェスタンとはいっても一流のメンバーと一緒なのだから、「ハイ、歌ってます」と、いとも簡単に答えるのはおこがましいというものだ。だがほかにどんな答え方があるだろう。結局、

「ハイ、歌ってます」、それにつけ加えて、

「でも楽器運びも一人でやってるし、バンドボーイみたいなもんだから……」

「そりゃそうだろう、なんてバンドだ?」

「聞いても分からないと思うなー、トザワっていうバイオリンの人がバンマスで

「……」

「トザワ……？　知らねえな」

「だから言ったでしょ、分からないって。一日行くと二百円くれるから……」

「フーン。——あ、お前紅茶飲むか」

「エ？……エエ」

「よし」

ケビリさんは台所の方へ出ていった。


やけにでかいコーヒー茶碗で（あれが初めて見たマグカップだった）ミルクティーを飲みながら、私たちはいろんな話をした。

オカモト兄弟にも習って、歌いはじめたいきさつ、レパートリーだけは増えたこと、私の歌ではどういう曲がうけるとか、どこそこのクラブにはこういうウェスタン好きのGIがいるなどと。私の方がお喋りだった。

ケビリさんの話は、黒田美治《びじ》が〝チャックワゴン・ボーイズ〟から独立してソロ歌手になってしまったので、あとのメンバーたちと〝ワゴン・マスターズ〟というバンドを作ったこと。〝ワゴン・マスターズ〟は米軍キャンプ以外にも、日本人が主催するダンスパーティーとか、日比谷公会堂や共立講堂などでよく催される〝ジャズコンサート〟にもちょくちょく出演していることなど、スケールがだいぶ違いすぎた。

「いいなー一流は、見てみたいものだ」

私の顔には確かにそう書いてあったはずだ。

「お前、明日ヒマだったら来るか？　ステーションホテルでパーティーがあるんだ。ええと、あれは六時……だったかな」

ケビリさんの家から駅までは、五分かそこらの一本道。そのすぐ左手にはなつかしの母校があるのに、そんなことは帰りの私の頭の中から、きれいに消しとんでしまっていた。


東京駅のステーションホテルは、現在でもかなり昔に近い姿で残っている嬉しいホテルだ。皇居方面から見て右手、中央郵便局の前あたりに入口がある。

ケビリさんの家を訪ねた翌日の夕方六時少し前に、私はステーションホテルの、バンド控え室にあてられている部屋のドアの前まで到着していた。

部屋の中からは、ギターをチューニングする音や、話し声が聞こえている。ノックしたが返事はない。そっとドアを押したらスッと開いてしまった。オレンジ色のシャツを着た男たちが四、五人見えたが……誰も気がついてはくれない。

「オカシイな、まだ来てないのかな」

ドアを閉めかけたとき、

「おお、もう来てたのか」と、うしろからケビリさんの声がかかった。

「はいれはいれ、いいんだ遠慮しなくたって、——ター坊！」

ケビリさんに背中を押されて、部屋の奥でピラフを食べていた、ター坊と呼ばれた人の前まで連れてこられた。

「ター坊、こいつコサカっていって、ラグビー部の後輩なんだけどさ、俺が仕込んでやって、ちょっとウェスタンを歌えるんだ。よかったらあとで聴いてやってくれないかな」

「どうもはじめまして、コサカです」

スプーンの手をとめて、ター坊といわれたその人は、ゆっくりと私を見上げた。

「イ・ハ・ラ・です」

イハラという苗字を、一字ずつ区切るように発音しながら、細い目で、ジッと見すえられた。こわい目だなあ、まずそう思った。あ、この人なら見たことがある、日劇だ！　あの黒田美治と一緒に……〝チャックワゴン・ボーイズ〟のベースを弾いてた人だ、思い出した思い出した！

「どっかで歌ってるのかい？」

「ハイ」

「どこのバンド？」

「……それが……」

この人が〝ワゴン・マスターズ〟のリーダーだということは、私でなくてもすぐ分かるだろう。

「いやあ、ター坊が聞いたって分かるようなバンドじゃないよ」とケビリさんがフォローしてくれた。

「あ、そう、それはそれは……」

話はそれでオシマイで、イハラさんはもう私を見ようともせずに、またピラフを食べはじめた。

「まだ時間あるからなー、お前、そこらに座ってろ」、そう言ってケビリさんは、ハンガーに掛かっているオレンジ色のシャツを手にとって、着替えをしだした。

「ユニフォームか、いいなあ」

ひと目で、それは注文して作ったウェスタンシャツだと知れる。左右の胸ポケットに矢印がこげ茶の糸で縫い取りしてある。これはウェスタンシャツに最もよくみられる特徴、袖のボタンは六つ、そこにも同色のふちどりがあって、なんとボタンまでこげ茶だ。

黒のテンガロンハットをあみだにかぶって……ケビリさんはメンバーの中でもひと

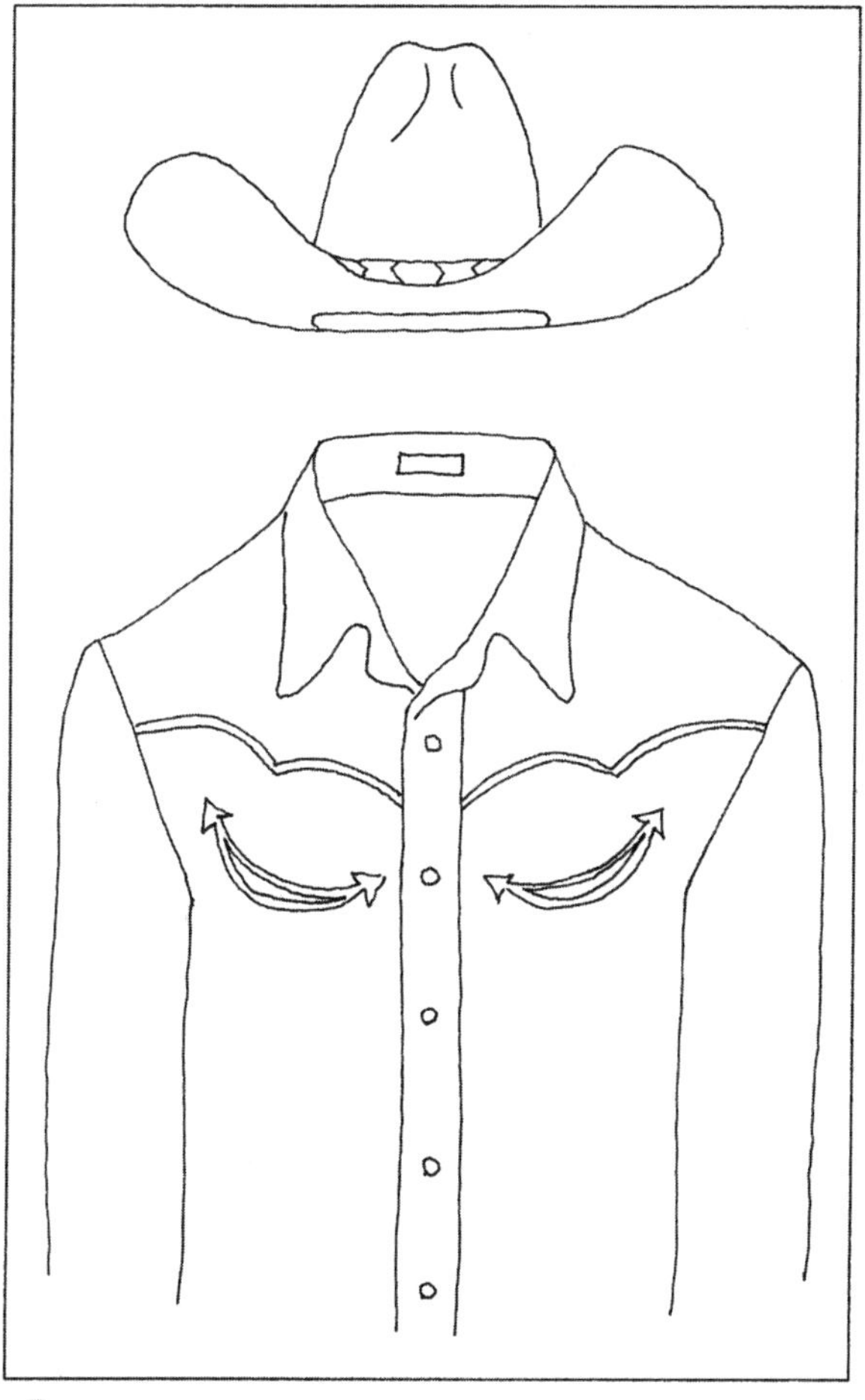

きわ立派だった。そして、立派といえばイハラさんの純白のテンガロンハット。これまでに見たこともないカッチリした作りで、なぜそんなにつばがカッコ良く曲線を保っていられるのか？　できたら手にとって確かめてみたいほど。もちろんメイド・イン・USAは間違いない。

やがて時間がきて、〝ワゴン・マスターズ〟の出番になった。私も、楽器携えたオレンジ色のシャツたちのあとにくっついてパーティー会場へと入った。オーケストラがチェンジのワルツを演奏していた。フロアは着飾った大勢の男女で混雑している。女性は和服か、長めのドレス。男はどういうわけかスーツにボウタイ姿が目立つ。卒業謝恩会といった趣きのダンスパーティーだ。

オレンジのシャツの男たちが次々にステージに上がり、バンドのテーマ曲がはじまった。

オーケストラのときにはただ踊っているだけだった客たちが、ステージのすぐ前に群がってきて、演奏するのを見上げている。

ケビリさんともう一人のボーカル、フジムラさん（この人はやせているので〝ガイ公〟という呼び名だった）が、かわるがわる歌い、インストルメンタルもはさんで三十分ほどのステージだった。

やっぱりスゴイや、スティールギターも、バイオリンも音質がまるで違う。テンポの速い曲でも遅い曲でもそのリズム全体が、ゆったりと余裕をもっている。今まで私のいたバンドも、そりゃあウェスタンバンドにはちがいないが、逆立ちしても追いつかない、これが正直な印象だった。

すっかりショックをうけて、控え室へ戻る気も失せてしまった私は、そのままステージの脇で、次のバンド〝リリオ・ハワイアンズ〟をボケーッと眺めていた。そしていつのまにか、あかぬけた赤いアロハシャツ姿のこのハワイアンバンドにも、すっかり魅了されてしまっていた。

ほかのハワイアンよりもコーラスを主体とした〝リリオ・ハワイアンズ〟は、（〝ワゴン・マスターズ〟もそうだったが）、音の良さはもちろんだがそれ以上のなにか人を惹きつけるものがあるのだ。媚びているわけでもないし、やはりトップクラスの自信なのだろうか、ノッている人たちだけが発散する何かがあった。

「まだダメだな俺は……」、しょげている私のうしろから、「おい」と声がした。ケビリさんが立っている。

「ター坊が、次のステージで一曲歌ってみろってよ」

「………」

うそではない。私もこの日ばかりは、ステージで歌うなんて思ってみもしなかった。

さっきケビリさんがター坊に頼んだ、「あとで聴いてやってくれ」は、休憩時の控え室でのことと考えていた。「どうしよう、何にすればいいだろう」とこっちが言う前に、

「何でもいいから、いちばん得意なのにしろ」

「アガるんじゃねえぞ」

ひとことキメておいて去ってしまうのは、ケビリさんの得意技である。

またオーケストラのステージとなり、人々が踊りはじめた。その三十分間、私の頭の中は、あれでもないこれでもないと選曲に大わらわ。

二回目の演奏のため、〝ワゴン・マスターズ〟が出てきて、

「三曲目にオレが歌うからな、お前はそのあとだぞ。……歌、何にした？」

「レッツ・セイ・グッバイを」

「……よし。キイは？　Gか、うん」

べつにケビリさんに読心術ができるわけじゃない。私が片手をパアにして出したのだ。音階はCからDEFと上がっていくから、パアにした五本の指はGを意味するのだ。

「レッツ・セイ・グッバイ」という曲は、アーネスト・タブという地味な歌声のウェスタン歌手の持ち歌なのだが、メロディーに起伏が少ないから、もしアガってしまっ

ても、収拾がつかなくなるおそれが比較的少ないんじゃないかと考えたのだ。

インストルメンタルで始まった二ステージ目は、あっというまに三曲目のケビリさんの歌まで終ってしまった。私の番だ。

「出ていっていいのかな、誰か、うながしてでもくれるのかな」、逡巡していたらもうイントロが鳴りはじめていた。バンドのメンバーは誰も私を見ていない。わずかにケビリさんがこちらにちょっと向いて、マイクの方へあごをしゃくっただけだ。私はあわてた。

“Let's say goodbye like we said 'hello'……”

歌っている私の足元に、見上げている聴衆の顔があった。それがすべて日本人なのだ。これは初めての経験である。一コーラス歌って間奏になる。バックを振り返ることなどとてもできない。下を向いているよりしかたがない。やっぱりややこしい曲にしなくて正解であった。

パチパチパチ……どうにか歌い終えた。客の反応からも、イハラさんケビリさん、ほかのメンバーの顔色からも、良かったか悪かったかを測ることはまったくできない。でも、私の心は弾んでいた。安定したリズムにのって歌えた気分は、実にいいものだった。「ダメだダメだ」と断りながら、無理矢理歌わされたカラオケの一曲、お義理の拍手に迎えられて席にもどった人のほとんどが体験するあの軽い興奮に似ている。

すっかり舞い上がっている私には、そのあとの〝ワゴン・マスターズ〟の演奏も、まるで耳に入っちゃこない。

「おい、着替えてくるから、そこで待ってろ」

気がつくと、ケビリさんは控え室に向かって歩いていて、演奏はとっくに終わっていた。

ステージは再び〝リリオ・ハワイアンズ〟だからその前の人垣は崩れない。その人たちが皆こっちを見て、さっき一曲披露した若い歌手の噂でもちきりのように思えたのだからオハズカシイ話だ。


「ようし、さ、帰るぞ」

ギターケースを提げてケビリさんが現われ、二人で東京駅から山手線に乗った。電車はすいている。

「パーティー、初めてか」

「パーティーどころか俺、日本のお客なんて初めてですよ」

「ほー、そうか」

「――やっぱりワゴン・マスターズはみんな上手いなあ、俺たちのバンドと、てんで違う」

「そうか。そうでもないぞ、結構みんないいかげんだからな」

「いやあ、そんなことないですよ」

ケビリさんは、私のいちばん訊きたい、私の歌がどうだったのかを、なかなか言ってくれない。

「リリオ・ハワイアンズもすごく良かった」

「そりゃあお前、〝リリオ〟はうめえさ……あいつら慶応だよ」

「へーえ」

しばらくだまって窓外を見たりしていた。大崎、五反田、目黒と電車は走り、もうすぐ恵比寿だというとき、ケビリさんは、

「あ、そうだ。ター坊がな、お前の歌、いけそうだから入れてやるってよ」

「エ？……エッ！……ホントに？」

「だけどお前のこと、なんだかウス汚れてるってよ、お前ももう少しきれいにしろ」

「ハイ。——ねえケビリさん、本当に入れてくれるの、ワゴン・マスターズに？　ホントに」

「うるせえな、入れてやるって言ったんだから、入れてくれるに決まってるじゃねえか」

「……だけど、いつからかなあ」

「あしただって、あさってだって、いつだってかまやしねえさ。オッ渋谷だ、俺ちょっと飲んでいくけど、ついてくるか」

こんなときに、ついて行かないやつがいたらお目にかかりたい。

忠犬ハチ公の銅像前の雑踏の中を、踊り出したい気分で、ケビリさんのあとにくっついていった。ハチ公みたいに、もし私に尻尾があったなら、その振り方のあまりの激しさに道往く人々はさぞ迷惑したことだろう。

井の頭線のガード下に近い、〝クール〟というバーで、〝カルヴァドス〟とかいう洋酒を飲ませてもらった。店の造りも、酒の味も、どんなだったかもう忘れてしまったが、〝クール〟と〝カルヴァドス〟という名だけは、これから先も忘れないだろう。

私にとって記念すべき夜だった。

昭和二十七年の夏である。

陸軍中野刑務所　1952

人生のある時期を、四季になぞらえてみる人は多い。だから青春ということばがむやみに愛用されたりもするのだろうが——。

私の〝人生の春〟は、十七歳、つまり一九五二年ごろから始まった。それは桜咲き乱れ、鳥は謳い蝶は舞い、ものみな馨《かぐわ》しいといった爛漫の春。それこそ〝わが世の春〟がやってきたのだ。

入れてもらった〝ワゴン・マスターズ〟は、ウェスタンバンドでは最高だったし、私の毎日は光に満ちあふれていた。

〝チャックワゴン・ボーイズ〟からの生え抜きは二人で、バンマスのイハラさんと、もう一人はバイオリンのラーフ・モフタディン。この人は代々木西原生まれのトルコ人なのだが、戦後の風潮でほとんどの人が「アメリカ人のバイオリン弾きがいる！」

と勝手に思ってしまったから、それだけでもう他のバンドとは大きな差がついているようなもの。

ラーフさんは、図体も大きいし、顔もジーン・ハックマンばりなのに、声だけが妙にカン高い。眉にしわをよせてまくしたてるのは、柄がいいとはとても言えぬような東京弁だから、初めての人は皆びっくりさせられたものだ。その点、ザアマスことばの男性版といった言語を駆使して相手を煙にまくイハラさんとは、まさに好対照であった。

トルコ人の彼は、宗教上の理由から豚肉は食べないので、トンカツやポークソテーには絶対手を出さない。しかし出されたのが親子丼なら、それが安物で明らかに豚のコマ切れを使ったものであっても「いいんだ、オヤコドンは昔からおめえ、トリニクと決まってらあ」などと言いながら平然とたいらげてしまう重宝な性格の持ち主であった。むろんバイオリンの腕が一級品だったことはいうまでもない。

イハラさんとラーフさん、それにケビリさん、この三人以外のメンバーは、私が〝ワゴン・マスターズ〟に参加してからわずかの間に全員入れ替わった。アメリカでもこのころから急激にモダン化しはじめたウェスタンミュージックのサウンドに追従していくためだった。

スティールギターで入ってきたのが、ハラダ・マコトさん。

めっぽう腕のたつスティールがいると聞いて、一度その男を見てみようと、イハラさんとケビリさんが、新橋の土橋《どばし》際にあったR・A・Aと呼ばれる進駐軍専用のビヤホールへ出かけた。私もそのお供でついていったのだ。

R・A・Aは、ガラスのドアで、窓も大きいから中の様子がよく見とおせた。煙草の煙がたちこめる店内には、ジョッキを手にしたカーキ色の軍服の男たちがひしめいている。

店の外からガラス越しにそれを見物している大勢の日本人がいる。珍しいのと羨ましいの気持が半々だったろう。そこへ私たちも割り込んでしばらく中を窺っていた。音はよく聞こえないが、奥の方にあるステージではウェスタンバンドが演奏のまっ最中。ところが、肝心のスティールギター奏者だけは、座って弾いているのでGIたちの蔭になり、どうにも見えにくい。

ワンステージ終って、休憩になったらしいのを見定めて、私たちは店に入っていった。日本人は立入り禁止でも、こういうときにはイハラさんのイデタチがものをいう。髪はGIカットだし、赤の効いたチェックのシャツなどアメリカ製の衣裳でかためた物怖じせぬイハラさんの行動は、日系二世と見られてなんの不思議もない。なにしろ町なかでそういった服装の男を見れば、「あ、この人は二世だ」と決めこんでしまう日本人が、今から考えるとウソみたいな話だが、けっこういたのだから。

イハラさんに言われてからは多少身ぎれいにしたつもりだが、私はどうしたって二世には見えっこない。でも二世の、日本の親戚ということだってなくはないだろうと、ケビリさんのうしろからチョロチョロとくっついていった。

ハラダさんと話をしたのはステージのすぐ脇、それも立ったままである。

イハラさんは日本のウェスタン界では誰知らぬ人とてない有名人だから、話はスムースに進む。人を介して下話《したばなし》のようなものもしてあったらしくて、うちのバンドに入ってくれることは簡単に決まったみたいだ。

二十歳になるというハラダさんは、慶応の学生でありながら、忙しくて学校にはほとんどいっていないと話したあと、財布から名刺をとりだした。私は名刺なんか持っているバンドマンを初めて見たので、「へえ、どういうんだろこの人は?」と、奇異な感じをうけた。

「電話は、渋谷四六の一九八二。イク、ハーフーですから」

「え?」、これはイハラさん。

「イク、ハーフー、面白いでしょ、覚えやすくて……ハハハ、分かりませんか? アノトキの声! ですよ」

ハラダさんは一人で愉快そうだったが、初対面の私たちは誰も笑えなかった。それでも彼は、一人でニコニコしながら、年少の私にまで「どうぞよろしく」と名刺をよこすのだ。

「もうワンステージあるんですよ、よかったらその辺の席に座って見てってくださいよ、え？　……大丈夫、大丈夫、ハハハ」

そんなこと言われても、この店は進駐軍専用だ、なにが大丈夫なもんかと私たち三人は店の隅にこっそり立ったまま次のステージを見ることにした。

しかし初めて聴いたハラダさんのスティールギターには、三人とも感服してしまった。当時ウェスタンでいちばん流行していたのは「ジャンバライヤ」や「ユア・チーティン・ハート」などを自作自演したハンク・ウィリアムズの歌だったのだが、もしかするとハンクのレコーディングには、このハラダさんも参加していたのじゃないかと錯覚させるほど音がよく似ていたし、テクニックも完璧だったのだ。

目を瞠《みは》っている私たちに、ハラダさんはニッコリと、あの〝イク、ハーフー〟の笑顔で応える。今も忘れ得ぬ、くったくないスバラシイ笑顔だった。

なにしろハラダさんは、初めてアメリカ人に紹介されたとき、名前を言うときはさかさまにするのだと思いこみ、「マイネームイズ……ダハラ・トコマ」とやってしまったのだそうで（これも彼自身がニコニコしながら語ってくれたのだ）——以来、バンド内では〝ダハラ〟で通り、本名で呼ばれることはほとんどなかった。

だいたいバンド屋は話す言葉を何でもひっくり返しにすることが多い。それもあって、ハラダさんと前後して参加した、ホリさん、コヤマさんの明大生コンビも、〃リーホ〃、〃ヤマコ〃とひっくり返された。もちろん私は〃サカコ〃である。〃ター坊〃とも呼ばれたバンマスのイハラさん（ベース）、ラーフ（バイオリン）、ケビリ（ギターとボーカル）、ダハラ（スティール）、リーホ（ギター）、ヤマコ（ギター）、それとサカコ（ボーカル）の七人で、新しい〃ワゴン・マスターズ〃が誕生したのだった。

　イハラさんは、学習院から慶応というコースを進んできた、このバンドでいちばんのお坊っちゃま育ちではあるが、そのお坊っちゃま気質が良い方へと伸びた珍しいタイプで、およそ気おくれというものを知らなかった。こういうバンマスに恵まれた私たちメンバーは、自分たちの音についてだけ一所懸命やってればいいのだから楽だ。マネージメントはイハラさんが切り開いていってくれる。強引すぎると思えることも、彼特有の自信プラスはったりで大抵うまくいくのだからみごとなものであった。米軍キャンプの仕事に行くと、一晩に一回だけ飲み物（コカ・コーラ）を出してくれる。どこでだったか、イハラさんは初めてのクラブで、

「うちはそこいらのバンドとは違うんだから、コークは二回出してもらいましょう」

とやって、はじめは驚かれたり、笑われたりもしたのだが、結局、コカ・コーラ二回を通例にしてしまった。これなども、あながちミミッチイ話というだけでは片づけ

られないものがある。

バンドは練習も多かったが仕事も多くなった。もう以前のように、ウッドベースを担いで電車に乗るような場所はお断りで、基地の仕事も近場の良い所ばかり選ぶようになった。

新橋、有楽町、東京駅近辺、芝浦、麻布、青山、中野、代々木、進駐軍の施設は都心にもたくさんあった。

ジャズのバンドだけではなく、ラテンもハワイアンもウェスタンもひっくるめた、いわゆる〝ジャズコンサート〟というものが月に二、三回は、日比谷公会堂や神田共立講堂であったし、後楽園球場でも、〝ジャズコンサート〟はこのころすでに催されていたのだ。日劇、国際はいうに及ばず、渋谷東宝、江東劇場といった映画館も、アトラクションとしてこの手のコンサートを企画するほどで、アメリカン・ミュージックは次第次第に大勢の観客を動員できるようになってきた。

〝大学生の主催するダンスパーティー〟。これも盛んだった。会場には、日比谷の松本楼、東京駅ステーションホテル、浜町《はまちょう》クラブ、目黒雅叙園《がじょえん》などがよく使われていた。人気のあるバンドや歌手を出演させなければ、パーティー券の売り上げにひびくから主催者たちも大変である。しかもこのダンスパーティーというのはどこの学生にとっても、手っ取り早い金儲けだから、シーズンになるとその数がメッタヤタラに多くなるのだ。日頃から反目し合う学校もあって、開催日が重なったりすれば、大学同士の、会場荒らしというかナグリ込みも始終で物騒なことおびただしい。主催者蒸発も珍しくないから、学生のパーティーは前金でということになっていた。そんな危ない思いをしながらも、私たちはなんだかんだこの種のパーティーにもよく出演した。

米軍に接収されていた新橋の第一ホテルは将校用のホテルで、そこのボールルームには、当時いちばん有名だった、〝渡辺弘とスター・ダスターズ・オーケストラ〟が長い間専属バンドとして入っていた。おなじみの「スター・ダスト」のテーマ曲から始まるその演奏を、私は中学時代からNHKのラジオでよく聴いたものだ。最初のころは、アナウンサーのバンド紹介を〝渡辺弘とスターだ！スターズ〟と聞きまちがえて、変わった名前のバンドもあるものだと――でもそう信じこんでいた。

その、天下の〝スター・ダスターズ〟の吹き鳴らすファンファーレにのって、土曜日の第一ホテルのショウタイムに出たときは、なんとも晴れがましい思いがした。

ホテルの専属歌手はショウタイムには歌わない。客席に座っていたり、ステージの脇で話をしたりしてくつろいでいる。それがなんと、日本の第一人者たち、ナンシー梅木であったり、ティーブ釜范《カマヤツ》だったり、ペギー葉山なのだ。まるで横綱、大関のそろい踏みである。

　そんなことあるわけないのに、「注目されてるんじゃないか」の過剰な自意識から、私の歌はうわずってしまう。

「そんなことじゃ、ショウガナイねえ、お前さんも……」とイハラさんにおこられた。

　それからまもなく、ジャズコンサートで横綱たちがウェスタン調の曲を歌うときにその伴奏をつとめるようになった。〝スター・ダスターズ〟になった気分で嬉しかったが、それもだんだん慣れっこになる。錦糸町の江東劇場で、まだ無名だった雪村いずみのバックを頼まれて、イハラさんは意気軒昂と、

「うちが伴奏するのは、ペギーか、ナンシーか、チエミだけです」

　などとキッパリ断ってしまった。あとでイハラさんも、マズカッタと思っただろうが、ハネ上がりの私たちには、こういったような勇み足をすることだって一度や二度じゃあなかったのだ。


　ウェスタンのメロディーは概してシンプルだ。好きな人はそこが良いのだというが、それほどでもない人たちには、どの曲も同じに聞こえるらしい。

　バンマスのイハラさんは、日本人の客が集まる場所でやるときの曲目には、とてもやかましかった。

「サカコよ、お前さん、今日の歌は『ビンボウ』と『ママとパパのワルツ』だよ」

「え、……いや、だって、こないだの日比谷のときもそうでしたよ」

「いいの！　だから同じ歌でいいんだよ。これからも〝ジャズコン〟のときは当分この二曲でいきなさい。そうあれもこれもと歌ったら、お客はどれも覚えちゃくれませんよ」

確かにそのとおりなのだが、自分としては数あるレパートリーにはまだまだ得意な曲、いい歌が沢山あるのだから、満員の聴衆にそれを披露したいという欲求を抑えきれない。

そこへいくと米軍クラブでのステージは演奏時間も長いし、客も当然ながら通が多い。リクエストは山ほどくるし、どれも活字体で書いてあるから、どんなにひどい字でも、当て字のようなスペルであっても読めないことはない。その中に自分が得意としていてしかも地味な歌へのリクエストを見つけたときの喜びは、なんとも言えぬものがあるのだ。やっぱりこの曲を覚えといてよかったとつくづく思うのだった。

米軍キャンプの日曜日のステージは、「クライング・イン・ザ・チャペル」という曲に終始する。ビルボードのヒットチャートを急上昇中のこの曲をやるときは客席との大合唱になる。客席を向いて歌っているのは私一人だから、まるで牧師になった気さえした。今歌ったばかりなのに、すぐまた「ワンモアタイム！」の連呼で、同じステージに三回なんて普通だった。それほどのヒット曲なのに、日曜日以外にはほとんどリクエストがないというのもこれまた不思議だ。

アメリカ兵たちは、神を称えたこの曲を日曜日に熱唱することで、一週間の免罪符としているのではないかと、うがった見方もしたくなる。まあ、真夏に「ホワイトクリスマス」を歌う人がいないようなものだろう。何にしても「クライング・イン・ザ・チャペル」は〝日曜日だけの歌〟であった。

新井薬師の近くに、米軍の刑務所、〝中野スタッケード〟があった。

刑務所の中がどうなっているのかは知らないが、当時日本にはあれだけたくさん駐留軍がいたのだから、軍律に反したり、ほかの悪事を働いた軍人もかなりの数いたのだろう。

なぜ、プリズンとかジェイルでなくて、スタッケード“stockade”なのかという疑問はあった。スタッケードなんて、古いカウボーイソングや、西部劇の中に出てくるだけの言い方だと思っていた。ちょうど牢獄という言葉が、時代劇にこそふさわしいように。そのせいかスタッケードという古めかしい呼び方は、ロマンティックでもあった。

私たちは週に一度、そこへ通っていた。といっても囚人への差し入れにではない。

高い塀の外側の道路をへだてて、これまた鉄条網を高く張りめぐらした軍の施設の中にあるNCOクラブで演奏していたのだ。刑務所で働いている看守とかそういった人たちが集まるクラブで、他の基地にくらべたら人間の数も少ないからいつでもすいている。客にも堅物《かたぶつ》そうな下士官が多くて、そこには基地特有の華やかさなどとても見られなかった。

星の数ほど仕事のあったわが〝ワゴン・マスターズ〟が、どうしてそんな陰気くさいところに毎週出ていたのかというとこれが、そこが近かったというただそれだけの理由からなのだ。

新宿駅南口から迎えの軍用バスに乗れば、交通渋滞ということばすらない時代だから、ルート2（甲州街道）、Gアベニュー（山手通り）を経てあっというまに中野に着いてしまうこの便利さゆえだった（ルート、アベニュー、ストリートなど米軍の名付けた道路名を記した標識は日本中に氾濫していた）。

スタッケードの仕事をいちばん喜んだのはギターの〝リーホ〟ことホリさんだ。なにしろ家が中野なのだから言うことなし。仕事が済めば、「オツカレサーン」と徒歩でお帰りにもなれる。私も図々しくついていって、ご馳走になるやら、泊めてもらうやら散々お世話になった。他のメンバーだって世田谷、渋谷の区民がほとんどだったから、ここの仕事は全員に歓迎されていたといってよい。

クラブの客が刑務官なのだから、ボスだってチャラチャラした男がなれるはずはない。特別恐そうとか意地悪そうとかではないが、それにしてもそのときのスタッケードのクラブボスは謹厳実直そのもので、ワハハと笑ったことなどいっぺんもない、といった顔をしていた。金ぶちの眼鏡をかけていながらニヤケてもいず、大声を出すこともなく、何事についても、まじめにエコヒイキなく対処できる人には見うけられた。「バンドの諸君が、休憩時に控え室から出ることは許されない。但し便所はこの限りに非ずである」

そう言い渡すときのボスは、「学校の行き帰りには車に注意して、横断は手をあげて」と小学生に教える先生とほとんど変わりがない。

それでも私は、休憩時間にはクラブの中をうろうろして、その都度ボスから「バンドの諸君は……」と怒られていた。

ある晩、ラストのステージも終り近くなったころ、それまでずうっと一人さびしく飲んでいたかなり年老いた下士官が、フラフラと立ち上がるとステージの下までやってきた。

「トゥモロー・ネバー・カムズ、トゥモロー・ネバー・カームズ！」

あとは酔っぱらいの口調だからゴチャゴチャでよく分からない。ケビリさんが、しゃがみこんで相手になった。

「おいコサカ、お前トゥモロー・ネバー・カムズって知ってるか」

「いや、聞いたことはあるけど、よくわかんないよ、アーネスト・タブの歌でしょ」

ケビリさんは、それを酔っぱらいのジイサンに伝えた。

「イヤア、アーネスト・タブ！　シングス・トゥモロー・ネバー・カームズ」

こんどはポケットから五ドル紙幣をだして、歌ってくれたらこれをやると、頭の上でヒラヒラさせた。

「歌え」、「できない」、「歌ってくれ」、「ダメ、できない」、「五ドルやるから、タノム」、「知らないからダメ」、「よし、俺が教える」、「ダメダメ」

こんなようなやりとりがあって、教えるつもりかジイサンはだみ声をはりあげて歌いはじめた。

「やっちゃおうぜ、アーネスト・タブの曲なら簡単だしさ――五ドルもらっちまって」

そう言ったのは、ギターのリーホさんだったか、ヤマコさんだったか……。

「よーし、じゃ、やっちゃおう」これは私が言ったのだ。そのころの五ドルは貴重である。今の金なら、ゆうに三十ドルはするのではないか？　スタッケードでは無理だが、よそのクラブへ行ったとき、ウエイターにこっそり頼めば、ビールだってハンバーガーだっていくつも買うことができる。

客席には、ほかのテーブルに四、五人づれの兵隊が一組いるだけ、それも話に夢中でこっちを見てもいないし、事務室にでも引っ込んでいるのか、ボスの姿もなかった。

ステージの下からヨッパライジイさんが歌った。

「Oh Tomorrow never comes」

「オウトゥモローネバーカームズ」

すかさず私はマイクの前で復誦する。

「No tomorrow never comes」

「ノートゥモローネバーカムズ」

「Now you tell me that you love me」

「ナウユーテルミーザッチューラブミー」

「But tomorrow never comes」

「バットトゥモローネバーカムズ」

易《やさ》しい歌で助かった。テンポもゆっくりめだし、メロディーも歌詞もこのうえなく簡単だったのだ。やったのはリフレインの部分だけなのだが、ここまで歌ったら、ジイサンはもうナットクの様子だった。しかしいくらなんでも、これで五ドルじゃあ申し訳ない。

「もう一回くり返そうよ」

今度はステージの上と、下のジイサンとでユニゾンになって、本邦初演の「トゥモロー・ネバー・カムズ」は終った。とんだ一流ウェスタンバンドである。

「スバラシイ！　サンキューサンキュー、よかった。非常によかった」

酔っぱらいのジイサンはひとり手を打ちながらご満悦の態で席へと戻っていく。

五ドルの札はみごと私の手に残り、そして何事もなかったように、ラストナンバーの「グッドナイト・アイリーン」が、深夜のスタッケードクラブに流れはじめた。

翌週のスタッケードの日、一回目のステージで歌いながら私は、壁際に置かれたジュークボックスが新しいものに替わっているのを目ざとく見つけた。休憩になるとすぐそこへ下りていって、その新品のジュークボックスを仔細《しさい》に点検してみた。

その当時、日本の店でこれを置いているところなどまずない。米軍の中でしか見られないもの、それが、JUKEBOX。これこそ進駐軍文化の象徴だ。

方々の米軍クラブで、ジュークボックスもいろいろ見たが、このスタッケードの新しいジュークボックスは、これまでのものにくらべるとかなりモダンだ。妙にコケ威《おど》

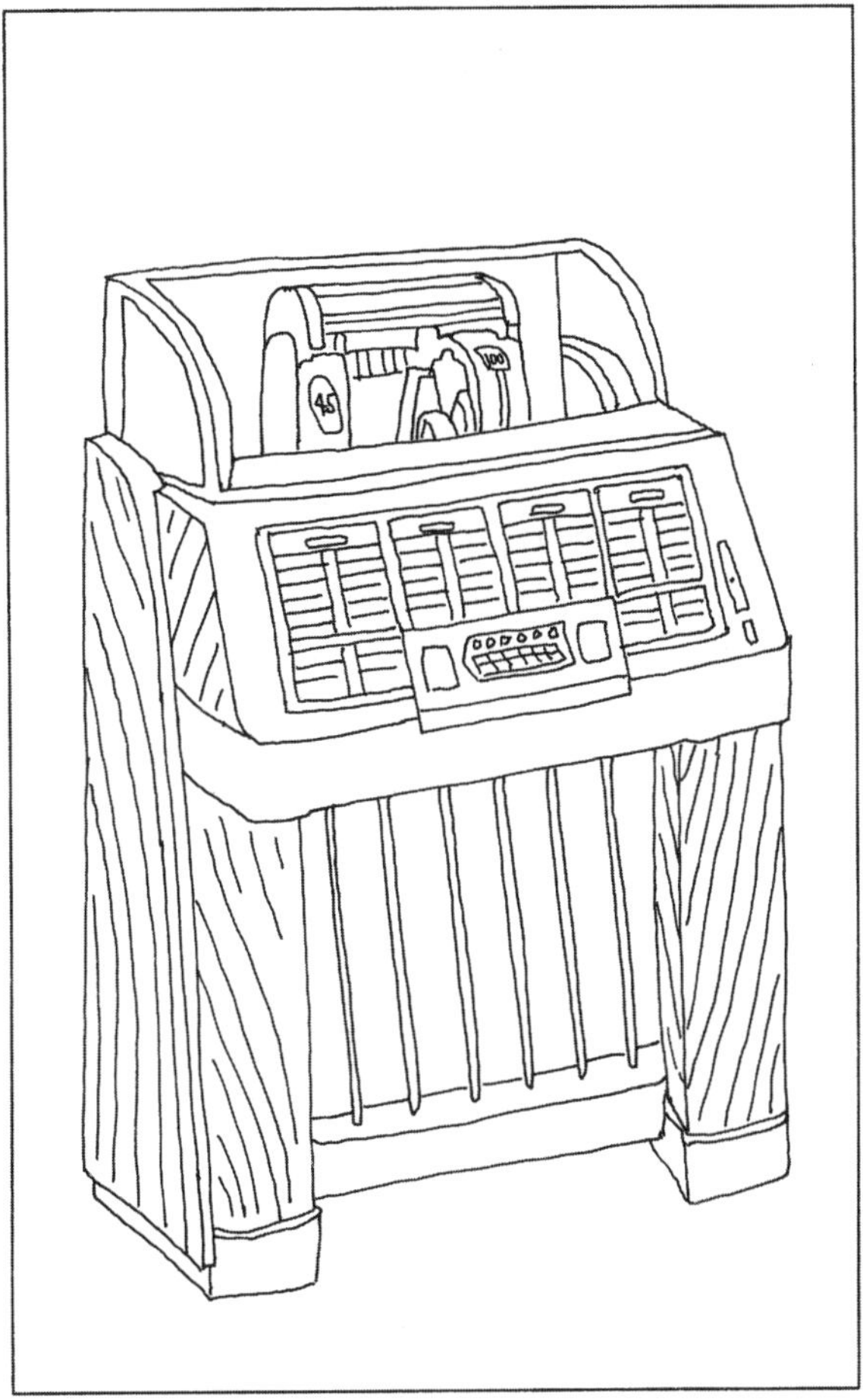
45
100

しなところがない。塗装も生地の木目を生かして、薄いニスで仕上げてあり、型もややコンパクトで全体に角ばっている。その名のとおりボックスなのだ。赤や青の電飾も使われておらず、そのシンプルさゆえに、〝いかにも最新型〟なのである。

中のレコード盤も、小さくて、真ん中にデカイ穴のあいている不思議なものだ。おなじみのキャピトルとかＭＧＭのレーベルがついていなかったら、日本人は誰もこれがレコードと思わないだろう（四十五回転のＥＰレコードを見た最初だった）。

プラスティックのフードにおでこをくっつけて内部をのぞき、ボタンを押してみたり、木目の浮き出たキャビネットをさすってもみた。鼻をよせると確かにアメリカの匂いがする。

「誰かきて、コインを入れてレコードをかけないかなあ」

そう思っていたら、うしろに人が立った。私は少し脇へずれた。

「ジュークボックスにむやみに触れてはならない。コインを入れずにボタンを押すこともいけない」

金ぶちの眼鏡もひややかなクラブのボスだった。〝ジュークボックス〟、〝タッチ〟、〝ボタン〟、〝プッシュ〟、それに付随する〝ドゥ・ノット〟。これだけで、言われていることが何であるかおおよその見当はつく。例によって抑制された話し方、その目は睨みつけるというのではないが、眼鏡の奥からじっと私を見据えている。

「私は言ったはずだ。休憩時間には控え室を出ないように……」

それだけ言うと、彼は行ってしまった。もし私にペラペラの英語が喋れたって、ボスは何も聞こうとはしなかっただろう。

気をとり直して、私は唯一立入りを許されているトイレに入った。ボスのあの態度はいつものことだったから、教師にお説教されたほどのもので、屈辱はあまり感じない。

が少なくともいい気分ではなかったから、控え室へ戻りしな、辺りに人影がないのをさいわい私はジュークボックスをカウボーイブーツのかかとで、一発蹴とばしてやった。

早速、次の休憩時間にボスのオフィスへ来るようにとのお達しがあった。

「弱ったもんだねえ、お前さんにも……」

私の説明を聞いて、呆れながらもイハラさんとケビリさんが付き添ってくれた。

「あのジュークボックスは、見てのとおりの新品である。故意に足蹴にして疵《きず》をつけたこの男は、別の新品を弁償しなければならない」

おごそかに、ボスが宣言した。

「それはムリというものでごぜえますお代官さま……」

まさかそんなこと言えもしないが、かねがねジュークボックスは、自動車を買うのと同じぐらい高価なものだと聞かされていた。そのころ車といえば外車のことである。普通の日本人に買えるわけがない。だいいち、車もジュークボックスも、いくらぐらいするのか見当もつかないのだ。

「この男はバンドの中でもいちばん若い。まだ子供である。我々も監督不行届きだった。以後充分注意するから、どうか勘弁していただきたい」

まるで大名のご使者のようだが、英語でこういう口を利かせたら、ケビリさんの右に出る者はまずいない。

しばしあって、ボスが、さらに冷静に口を開いた。

「知ってのとおり、ここにはすぐ目の前に刑務所もあるのだが……ではこうしよう、君たちは来週からもうこのクラブへ来るには及ばない。それから、今月の出演料三回分は、無しということにする。お互いに残念なことであった」

帰りのバスの中でイハラさんが言った。

「ま、しようがありませんな。スタッケードも近いというだけで、それほどいい仕事場じゃなかったし……サカコもこれから気をつけなさいよ」

有難いものだ、メンバーたちも一笑に付してくれた。

現在、中野刑務所は取り壊されて、都民の災害時避難場所として、公園になっている。

バイオリンのラーフさんが、突然やめることになった。理由はさだかではないが、どうやら結婚したいと考えている恋人に、バンド屋という浮き草稼業を嫌われてのことらしい。こんなことを言うと、「そうじゃねえよ、ありゃあなおめえ――」と、ラーフさんの口をとがらす顔が目に見えるようだが、なんと彼は、指定銘柄にもなっている超一流の船会社に就職が決まったという。残念ながらバンド一同に反対する口実は何もなかった。

ところが、ラーフさんの後任がまたすばらしかったのだ。

キハラ・マツコという国立《くにたち》音楽大学でバイオリンを専攻している女の子、といっても私より二つほど年上だったが。

なぜ、音大に通う娘が？　とは誰もが思ったけれど、深くは詮索しなかった。ダハラさんがつれてきて、どうやら彼のガールフレンドらしい。

マツコは、体こそ小づくりだが、純日本的な美女といってよく、私たちも高校生かなと思ったほどだから、アメリカ兵たちからしたら、十かそこらにしか見えないだろう。ダハラさんの感化よろしく、クラシック育ちなのに、ウェスタンのフィーリングも充分あった。

小さな体でスクエアダンスのナンバーを力強く弾きまくる。それが佳境に入ってくると、マッコの赤いテンガロンハットは大きくかしいだ。愛嬌たっぷりなその笑顔に、米軍キャンプのどこへ行っても、「マッコ、マッコ」と大ウケである。

〝ワゴン・マスターズ〟は、巧まずしてまたひとつ新しい目玉商品を手に入れたことになり、その前途はますます明るいものになってきたのだった。

アーニー・パイル劇場大行進　1953

日本では、いったいいつごろから、音楽会の会場にキャアキャアいう女の子たちの歓声が巻き起こるようになったのだろうか。

ここでいう音楽会とは、歌謡曲、ポップス、そして特別新しいとも思えないのに、なぜか〝ニューミュージック〟とかいうジャンルに区分けされてしまった音楽などの会のことだ。

残念ながら私はその全盛時代を詳しくは知らないが、昔の人たちの話から想像するに、今の人気歌手の騒がれ方にもっとも似ているのは、灰田勝彦ではなかったか、という気がする。だがそれにしたって、嬌声で歌が聞こえなくなるほどではなかったはずだ。

戦後の、いわゆるジャズコンサートにしても、映画劇場のアトラクションにしてもそうだ。

私も出たことがあるから言うのだが、会場のドアが閉まらなくなるほどの盛況で、ロビーにまで客が溢れ、それが波のように前後左右にうねって、演奏しているこっちが怖い思いをしたときでさえ、あのキャアキャアいう声はなかった。拍手は盛大だった。ウオーッというどよめきもすごかった。力強い励ましに思え、それは実に快いものであった。

共演者の私たちでさえ憧れてしまうほどのプレーヤーや歌手も沢山いた。サインを求めるギャルたちが楽屋口にひきもきらずに詰めかける光景は今と変わりはない。ただ年齢層が少しだけ大人だった。男性の観客にしてもそうだ。コンサートもアトラクションも、あくまで音楽会として成り立っていた。だから良かったというのではなく、このことを分析するつもりもないが、乱暴に言わせてもらえば、子供の権利が強くなり、もう子供というには金を持ちすぎるようになったことにつきるだろう。

私の知っているかぎりでは、音楽会でキャアキャア騒がれはじめた元祖は、ジョージ川口、松本英彦、中村八大、小野満、この四人のコンボバンド、〝ビッグ・フォー〟である。

とくにベース奏者、小野満《ミツル》のステージは、男の私でもほれぼれするほど爽やかなものだった。

すらっとした体つきだが、やせているわけではない。大きなウッドベースを手にして、これほどサマになる日本人を見たことがなかった。

ベースソロが高音部にかかるとき、かがみこみながらも顔だけは客席に見えるよう少し上を向き、せつなそうな表情で音をまさぐっていく。きれいになでつけられた黒い髪がパラリとひとすじ額にかかって、満員の聴衆はここで一斉に大拍手！

このときから、本邦初の、音楽会における耳をつんざく嬌声が巻き起こるようになったのだと、私は思い込んでいる。

ベースソロが終ると小野満のせつなそうな表情は、一転してこぼれるような笑顔に変わる。その白い歯、光る汗。場内は完全にもう、キャーアー、ギャアー、ウギャアーッ、ウワーン。

「チェッ、いいなあオノマンは——おなじ男と生まれて、どうして——」

舞台の袖からこの有様を見るたびに、私はひがみっぽくなっていく。コントラバスの巧拙など、詰めかけたギャルたちに分かるはずがない。あの音楽、あの姿かたちには及ぶべくもないが、せめて〝ビッグ・フォー〟の着ている、白い光沢のあるあのスーツだけでも真似することはできないものか。ガキがすぐカタチから入りたがるのは、今に始まったことではないのだ。

あるとき、たまたま袖で並んで見ていたイハラさんに言ってみた。

「ねえター坊、ビッグ・フォーの着ているあの服は、なんていう生地なのかなあ」

「ありゃあお前さん、シャークスキンですよ。光っているところが鮫の皮みたいだろ」

なんだ、この人は洋服屋もやってたのか？　と思うほどの即答ぶりだった。

「うちのバンドも、ああいうユニフォームにしてみたらどうだろう、ねえ」

「バカ言うんじゃないよ、ウチはウェスタンバンドです」

そりゃそうだ。あんなに光った服にテンガロンハットやブーツは似合わないや、とあっさりこの提案は引っこめた。

ところが、それからほどなく、私たちもシャークスキンのユニフォームを着るようになったのだから、まったくもって世の中分からない。

〝ワゴン・マスターズ〟はこのころから、民間放送局ラジオ東京（現在のＴＢＳ）に、レギュラー番組を持つようになっていた。

「イブニング・コンサート」と題して、〝鈴木章治とリズム・エース〟という、日本のスイングジャズを代表するコンボバンドと交代に、毎週土曜にライブ演奏を録音で放送していた。

月に二回は、有楽町駅の裏口に近い、当時の毎日新聞社の六階にあったKRホールで、ハガキで応募した百人ぐらいの客を入れて、三十分番組の公開録音をやる。番組のスポンサーは銀座六丁目の表通りに二軒の店舗を構えていた〝かわせ・いさみや〟という婦人洋装店であった。

ここの社長はウェスタン好きとは見えなかったが、スポンサーだからやはり気になったのだろう、録音日にはよく姿を現わしていた。

録音を終えて、メンバー一同、銀座は資生堂パーラーの二階で社長からご馳走されたことがある（あのクリームコロッケの皿に添えられたパセリは、今も揚げてあるのだろうか）。食事のあと、「うちの店も、ちょっとのぞいていって下さい」、そう言われて洋装店を見学することになった。

「青い芽を吹く、柳の辻に……」

昔、岡晴夫が歌った「東京の花売娘」そのままに、そのころの銀座通りは、まだまだ歩くだけでも心がウキウキするような、日本一華やいだ散策コースだった。街頭写真（銀ブラする人々の前に突然立ちはだかって、箱型のカメラでパチリとやり、間髪いれず申込みハガキを会釈しながらサッと手渡す。ピンボケが多かったが一応写ってはいた）などという職業が最後まで成り立っていたのも銀座ならではであるし、まだこのころまでは街頭写真師もいたのではないか。

さて社長に引率され、店員一同のお出迎えをうけて、われわれは慣れない婦人洋装店の中を見てまわった。婦人服などただでさえ興味がないのに、そのほとんどが生地だから説明されても分からない。たまには何か訊いたりもしなければ、従業員の手前、つれてきた社長のメンツも立たぬだろうが、なにしろ知識がないからそれすらもできない。

「シャークスキン……なんぞも婦人物には多いんざんしょね」

やっぱり、さすがにイハラさんだった。店に入ってからかなりの時間がたっていたが、これが最初に発せられた質問である。

「おお、シャークスキン、それはこっちです」

社長のあとから、ちょっと売場を奥へ歩いたその先に、何種類かのあの光沢ある生地がズラリと壁面を飾っていた。白、たまご色、藤色など淡い色が多い。

「シャークスキンは、ただ今とても流行しておりまして、大変よく出ますのです。ハイ」

社長がこんな言い方をするわけがない。これは、もみ手しいしいついてきた売場主任さん。

なにがシャークスキンなのだかは、他のメンバーの知るところではないから、皆相変わらずつまらなそうにしている。

そうこうするうちに、タダではないがそれに近い安さで、七人分の生地を譲ってもらう話はすぐにまとまり、ウェスタンバンドにもシャークスキンのユニフォームがお目見えすることになったのだ。私たちの選んだのは、目にも鮮やかな藤色である。

また夏がやってきた。いろいろな仕事をこなすようになった〝ワゴン・マスターズ〟は、新たにアラシダ・サブローという、イハラさんの後輩である慶大生をマネージャーとして参加させた。若いにしてはアラシダさんはもうすでにこの道十年といった風格があり、イハラさんに呼ばれたりしても、「ヘイヘイ」とゆっくり返事をする。決して走ったりはしない。なんだかお店《たな》の番頭さんという感じで、とても大学生とは思えないほど悠然としたところがあった。

「夏はひとつ、われわれも海辺でのんびりと仕事をしましょうや」

なんともアラシダさんらしい発案で、湘南遠征の話が決められた。

七月末から八月にかけて、逗子の〝なぎさホテル〟に約ひと月、そして毎土曜日の日中は、すぐとなりの鎌倉由比ヶ浜の、数ある〝海の家〟の中でもひときわ洒落た建物の、〝森永キャンディーストア〟にもかけもち出演することになったのである。さすがマネージャーならではのスケージュールの組み方だと感心したが、

「森永の出演料は、新しいユニフォーム代に当てることにします」

イハラさんのご託宣があって、ガックリもした。

鎌倉由比ヶ浜。小学生時代の思い出の地である。終戦直後のような金網を張った進駐軍専用の遊泳場はとうに姿を消していた。

〃森永キャンディーストア〃の前の砂浜を闊歩する女性たちにも美女がぐんと増えた。生活が豊かになってきたせいか、髪型にしても化粧にしてもこりゃあもう女優顔負けである。派手なプリント模様や、エスター・ウィリアムズが着るようなカッチリした作りの、ひと目でアメリカ製と分かる色のいい水着を着た女性が数多く見られた。

「ウワー、鎌倉ってすげえや、日本もだんだんアメリカみたいになってくるのかなあ」

そんな予感さえする眺めだった。私は太陽族のハシリを見ていたのかもしれない。

それにしても、ここでの仕事には、やりにくいことがありすぎた。海の家の前方に張り出されたベニヤ作りの低いステージで、炎天下ウェスタンミュージックを奏でるのである。見物はもちろん無料。物珍しさもあって聞いていた人もいたけれど、大半はただステージ前の砂浜をゾロゾロと行き交うだけだ。無料《タダ》の客相手がいちばんムズカシイんだということを、このときに覚えた。

私には、念願のシャークスキンのユニフォームだったが、婦人服地のせいか、〃ビッグ・フォー〟のそれとは違ってなんとなくペラッとしている。おまけにスーツだから裸の群衆を前にして、何としても暑い。汗はシミになりそうだし、半日着ただけなのに自慢の藤色がもううす汚れてきたような気がする。そのうえ、ここのギャラはすべてこの服のために消えるのだと考えると、どうもステージに身が入らない。思いは皆同じで、次の週からは鎌倉だけはシャツスタイルで、ということになった。

だがアラシダさんだけは、どんなに暑くったって、いつもキチンとスーツにネクタイ姿を崩さなかった。

もう一カ所の、私たちが泊まり込みでひと夏出演することになった、由緒ある〝なぎさホテル〟は、進駐軍、いやもうすでに駐留軍だったが、その将校と家族たち専用のリゾートホテルになっていた。

夕方から十一時近くまで、メインダイニングルームで演奏するのだが、家族連れが食事やダンスを楽しむための場所だから、あまりドンチャカやるのはうまくない。

せっかく海辺のホテルへ来ているのだからハワイアンの曲もやってみようじゃないかと、ダハラさんやリーホさんはこの音楽の経験者だから乗り気である。ヤマコさんにしたってなかなかのもので、ワンステージすべてハワイアンというときもあった。マツコもバイオリンをウクレレに見立て、横抱えにして爪弾いたりしている。

家族連れにもハワイアンは好評で、太ったお父さんが小さな娘たちとフラダンスの真似ごとに興じている姿などは、アメリカ映画を観ているようだ。

ハワイアンとなると、私はまったくすることがないから見物するだけだ。メインダイニングの中は冷房も効いていて、シャークスキンのユニフォームも、ペラペラなことさえ気にしなければ、ここでは相当見栄えのするものであった。

土曜日だけは、昼間鎌倉に行くからちょっと忙しいが、そのほかの日はヒマを持てあます。東京からガールフレンドを呼んだりしている者もいたが、彼女もいない私は退屈なんてものじゃない。マッコを除いて、男は皆一堂に寝ているのだが、女性が訪ねて来ると、どこへ行ったか、そいつは次の日の夕方までは姿も見せない。

アラシダさんに相手してもらって、ホテル裏手のガレージでピンポンなんぞやっていた。

「わたしはこう見えても、けっこう上手いんだよ」、能書きだけかと思ったら、アラシダさんはほんとに強かった。ただしピンポンのときだけは落ち着きはらってはいられないようで、口先をとがらして、右に左に跳ねまわる。そのアラシダさんも、彼女がやってきたのか、「ごめんよ、ちょっとヤボ用が……」とかなんとか言ったと思ったら次の日まで帰ってこないことが多くなった。

　ケビリさんはと見れば、いつのまに知り合ったのか、逗留している佐官クラスの将校の娘さんと、ちゃっかり浜辺を散歩したりしている。この辺り、今は沿岸を走る自動車道路に隔てられているが、そのときの〝なぎさホテル〟は、前庭に出ればすぐそこから波打際まで、きれいな砂浜が続いていた。

「何を話しているんだろう」、ケビリさんたち二人は行きつ戻りつ、砂の上に腰をおろしていたと思えば、女の子一人、立っていって沖を見ている。潮風に、彼女の長い髪が大きく広がって……座ったままでそれを見守るケビリさんがなんともカッコいい。

「いいなあー、英語ペラペラっていうのは」

　英語が喋れれば誰でもこういくというわけじゃないくらい、ちょっと考えれば気がつきそうなものなのに、十八歳の私には、「いいなあ、うらやましいなあ」が、あまりにも多すぎた。

「ケビリさんはいいよなあ、外人の女の子と手なんかつないじゃって」

　戻ってきたケビリさんを、やっかみ半分からかった。

「バカ、手なんかつないじゃいねえよ」

「つないでた、つないでた、俺ずうっと見てたんだから。もっとなんかしちゃったんじゃないの」

「なに言ってんだ。お前なあ、おかしなこと言って大人をからかうんじゃねえよ。あの毛唐の娘、まだ十三だってよ」

「ゲッ」

そりゃ知らなかった。あれで十三歳！

「ウソでしょ、あんな十三なんていないよ」

背だって、ケビリさんとおっつかっつだし、体つきも……まあ身体のことはいいとして、眼が、ケビリさんを振り返ったときのその眼差しが……あれで十三、そんな——。


今はもう、あの女の子も生きていれば五十になるはずだ。

言葉を交したことも、まともに顔を合わせたこともなかったのに、遠くから眺めたあの娘のうしろ姿だけが、いつまでも私の脳裡を去らない。それどころか、何かの映画で観た海辺のシーンでの、髪の長い外国女優のうしろ姿といつのまにか重なり溶け合って、より美しいものにすらなっている。

「どうしているのかなあ」

静かな昼下りにふとそんなことを考えると、

「時が経つというのもわるくない」、知らぬうちに口笛なんか吹いている。

〝夏がくれば、思い出す、月の浜辺、青い海〟と、昔よく歌われた「マウイ・ワルツ」の似合う、今はもうなくなってしまった、そのころの逗子〝なぎさホテル〟でのことである。

私は、たった一度だけアーニー・パイル劇場に出たことがある。

アーニー・パイルとは、沖縄で日本軍との戦闘中に被弾して死んだ、高名な従軍記者の名前だと教えられた。

東京宝塚劇場を、アメリカ軍が接収したとき、その名を記念してつけられたのだとも聞いていた。

その経歴は知らなくても、彼の顔だけはよく知っている。劇場の表、正面玄関の上に、まるで大相撲の優勝額のように、アーニー・パイルの大きな写真が掲げられてあった。

帝国ホテルの横を通るたびに、いやでもそれは目に入ってきたものだった。

この劇場には、まだ私が小学校に入ったばかりのころに観せてもらった、高峰秀子の「桃太郎」の思い出が強く残っていた。お馴染みのモモタロさんの装束に身を固めた、利発そうな高峰秀子を、息をのんで見詰めた夢のような思い出である。この世のものとは思えないほどの美しさだった。猿がエノケン、雉が灰田勝彦、犬は岸井明、考えられる最高のキャスティングである。アメリカとの戦争が始まったばかりだったから、その時期に「桃太郎」とはまさに恰好の演物《だしもの》だ。打倒鬼畜米英のスローガンの下、国策にそって鬼ヶ島の鬼たちはコテンコテンにやっつけられる。鬼の親分が、子供心にはものすごく憎たらしく思えたものだ。つい最近、人に教わって、それが進藤英太郎だったと分かった。どうりで……私は自分の思い出が、より豪華なものになったことが嬉しかった。

そのアーニー・パイル劇場に、〝ワゴン・マスターズ〟が出演したのは、〝マーチ・オブ・ダイム〟というアメリカ軍恒例のチャリティーショウが行なわれたときのことだった。

直訳すれば十セント玉の行進とでもいうのだろうか？　まさか入場料が十セントのわけはないから、〝マーチ・オブ・ダイム〟は〝塵も積もれば……〟のニュアンスで考えた方がいいようだ。

いずれにしても当日の客席は、善意にあふれたアメリカ軍人とその家族たちで超満員であった。

チャリティーショウが、いつでも同じ趣向というわけではないだろうが、私たちが初めて出たその日の楽屋は、さながら極東における〝米軍御用達楽士〟たちの大集会といった様相を呈していた。

東京で行なわれているのだから、関東地方のバンドや歌手が大半なのだが、関西や

ERNIE PYLE

九州方面からの猛者《もさ》たちも多く、なかにはフィリッピンやタイからやってきたグループなどもいくつかあって、そのすべてが〝スペシャルA〟だそうだ。

私がこの世界に入るずっと以前から、米軍基地で演奏するミュージシャンには、オーディションによるライセンスカードが発行されていた。〝スペシャルA〟以下、〝スペシャルB〟とか、ただの〝A〟や〝B〟のランクもあり、それによって出演料の最低基準に等級がつけられていたのだ。

私たちはそれを持っていなかった。そんなものがあると聞けば、自分たちの実力がどの辺にあるのかを知りたくもなる。

「ぼくらはオーディションカード、なくってもいいのかなー」

以前イハラさんに訊いたことがある。

「あんなものなくってもいいんだよ、ワタシがちゃんと持ってるのだから」

そして〝チャックワゴン・ボーイズ〟時代に取ったという〝スペシャルA〟のカードを見せてくれた。英語ばかりでよく読めはしなかったが、そこには確かに〝スペシャルA〟の文字とパンチの入ったイハラさんの顔写真があった。

「リーダーのわたしが持ってれば、お前さんがたも、みんな〝スペシャルA〟なんです」

ホントかねえ、だがもうこのころはオーディションカードなど、すでに有名無実なものでもあったのだ。

この日のアーニー・パイル劇場の楽屋の熱気といったらなかった。コンテストじゃあるまいしと言いたいが、遠来の連中にとってそんなことはないのだ。関西、中国、九州。そしてフィリッピンはフィリッピンで、それぞれ彼らを日頃面倒みているクラブのボスたちが一緒について来ている。

私たちも、アーミーホール（九段会館）など、米軍の大きな劇場に出たりはしたが、アーニー・パイルは初めてだから、そりゃあ緊張はしている。だが彼らにとっては、それ以上に「晴れの檜舞台だ」という意識が強いようだった。

とくにフィリッピンのグループは、まだ出番でもないのに、舞台の袖に続く通路を行ったり来たり、そわそわと落ち着きがない。

ショウは昼すぎに始められ、夜の九時近くまで続くという。ウッドストックの例を見るまでもなく、アメリカ人の客というのは、昔から長いコンサートには強いのかもしれない。

アメリカ人相手ということでは、英語で自由に喋りながらステージを進められるから、日本人よりもフィリッピン人の方が数段映えるだろうし、エンターテイメント即愛嬌と考えてしまえば、その差はますます開くに決まっている。

はたして、彼らのグループのひとつが出ていったら、猛烈な拍手や歓声が楽屋にまで響いてきた。引き上げてきたときの彼らの喜びようは、まるでオリンピックで国旗を掲げたがごとき大騒ぎだった。一緒になって大声をあげているクラブのボスなんてそれこそ、「アッパレアッパレと扇子うち振り、お抱え力士の勝利に歓喜する昔の殿様」もかくやである。

それにくらべると、当時の日本人はおおむねクライ。しばらくして〝ワゴン・マスターズ〟の出番がやってきた。私たちをお抱えにしている殿様は、いなかった。

演奏中のビッグバンドは舞台全部を使っているが、うちのバンドは楽器を弾くのが六人という小編成だから、下手《しもて》にしつらえた小さなステージでやることになっている。メンバーたちは、そこだけ別のカーテンに囲まれているうす暗いステージにスタンバイをしはじめた。

「二曲済んだら、最後はお前さんだから、袖から出てこいよ。曲は『ママとパパのワルツ』」

イハラさんからそう言われていた。

皆がセッティングするのを少し手伝い、どうやらそれもできたようなので、私ひとり袖にかくれた。

「オイ、お前さんの出は上手《かみて》からだってば。上手からセンターマイクへ、忘れるな!」

暗い中からイハラさんのするどい声がした。

「アッそうだった。チェッ、下手からならラクだったのに」、私はぼやきながら、大きな音でブロウしているビッグバンドの裏を通って、上手の袖へ移った。

ビッグバンドの演奏が終り、舞台中央の照明がスーッと暗くなる。

「Ladies and gentlemen, Wagon masters!」の簡単な紹介アナウンスがあって、と同時に下手の小さなカーテンが横に引かれ、テーマ音楽とともに〝ワゴン・マスターズ〟がスポットライトの中に浮かび上がる。ケビリさんの歌があり、そして二曲目、マツコ十八番のフィドル（バイオリン）ナンバー、「オレンジ・ブロッサム・スペシャル」がスタートした。

この曲は〝特急列車・オレンジの花号〟とでも訳せばよいのか。蒸気機関車が西部の荒野を疾駆する様子を音で描いたもので、フィドルを中心にしたウェスタンのインストルメンタルとして、今も頻繁に演奏され、ウケることまちがいなしのしろものである。

かわいいマツコの、しかも達者なフィドル。スティールのダハラさんが、フットペダルを巧みに操作して表わす汽笛の擬音（絶品だった）。それにウッドベースを叩くような、イハラさん得意のスラッピング奏法がみごとに溶けあって、曲が最高潮に達したときの客席の反応は、先ほどのフィリッピンバンドに負けないほどである。

上手の袖に待機しながらこれを見ていた私は、ちょっと心配になった。

大ウケはなにもフィリッピンバンドだけじゃない、というのは嬉しいが、このあとに私が出ていって、盛り上がったムードをぶちこわしてしまったらどうしよう。

今やっている〝特急列車の曲〟よりも、次の「ママとパパのワルツ」の方がウケるとは、これまでの米軍キャンプの経験からしても考えにくい、もうそんなこと言ってもおっつかないが、イハラさんのこの日の選曲が恨めしい。くよくよしているうちに、ダハラさんの擬音の汽笛がひときわ冴えわたって、「オレンジ・ブロッサム・スペシャル」は終ってしまった。

これが体操競技だったら、フィリッピン9・90・日本9・90というところか？

鳴りやまぬ拍手の嵐の中を、「よおし」と覚悟を決め、私はセンターマイクに向かって歩きだした。ここでおことわりしておくが、私が歌う「ママとパパのワルツ」はイントロのない曲なのである。

「オレンジ・ブロッサム・スペシャル」が大ウケするのは、バンドの誰もに、あるていど予測がついた。そのあとは、

◎万雷の拍手、少しずつおさまる。

◎観客、いつのまにか黒いテンガロンハットの少年がセンターマイクの前に立って

いるのに気づく。
◎アコースティックギター、ボローンと〝D〟のコードを鳴らす。
◎観客、オヤッ？
◎少年、バラード風に歌いはじめる。
　と、まあこれがイハラさんのシナリオだった。そういくためには、下手から少年を登場させたのでは、拍手を浴びているバンドの前を通過させることになる。マズイことだ。やはり少年は上手からでないと。——イハラさんはそこまで考えたのだ。


　それなのに……。熱狂している観客の気づかぬうちにそっとマイクの前に立つはずだった少年は、袖から五、六歩いったあたりで、何かにけつまずいた。足がもつれてよろけたといった方が正解かもしれぬ。場内の大勢の人が、それを見てしまった。アミダにかぶったテンガロンハットが脱げて、うしろへ転がった。よせばいいのに彼は、慌ててそれをひろってかぶり直した。

「なんだろー？　場違いなところへ、場内整理員でも出てきたのかな……」

　そう思った人は多かっただろう。しらけたムードが漂いだしたのが感じられ、何カ所かでケタタマシイ笑い声が上がったのも、ようく聞きとれた。

「道化師だったら大成功だったのに……」

つけた。

激しい胸の鼓動に必死で堪えて、少年はやっとの思いでセンターマイクまでたどりつけた。

ボロロン、〝D〟のコードが鳴る。そうっと、しかしふかく、息をひとつ吸いこみ……歌った。

“I'd walk for miles,” ボロンと再び〝D〟

“cry or smile” ボロン、こんどは〝A7〟

“for my mama and daddy” ここから三拍子のリズムが追いかけるように入ってきて、

“I want them, I want them to know” と歌は進む。

「なあんだ、この子供は歌うたいだったのか、それにしても――」

満員の客の誰もが、自分をそんな風に見ているような気がして、少年の心は滅入った。

だが、多くの動物に帰巣本能があるように、歌うたいというのは、どんなことが頭の中をめぐっていようが、おかまいなしに歌詞は口をついて出てきてしまうものだ。おまけにメロディーまでも、それにくっついて……。

「お前さんは、当分これだけ歌っていればいいんだ」と、イハラさんからことあるごとに言われていた曲だから、「ママとパパのワルツ」が私の得意中の得意なものであるのは、まちがいない。ウケた実績もある。しかし、いい歌ではあるが三拍子だし、歌詞もメロディーも、暗い感じがする。ほかのときならともかく、いったん落ちこんでしまった場内のムードを、再び盛り上げるほどパワーのある曲じゃない。

それが……最初の八小節を過ぎたあたりから、ジワジワッと、客席にとても好意的なさざめきが起きるのが伝わってきたのだ。そして十七小節目の、俗にサビといわれるリフレインにかかったときには、「イエーィ」というかけ声や口笛、拍手などが、はっきりしたカタチになって場内を覆いはじめたのだ。三十二小節あるワンコーラスを歌って、間奏に入った。フィドル八小節、ギター八小節で、まずマツコがソロを弾きだす。

反作用というもので生まれる効果は、とても計算して成せるものではなかった。観客のよろこび方は、もう完全に〝オレンジ〟のときを越えている。ギターを持たずに出ている私は、不調法につっ立ったままなのだ。弾いていればこんなに手持ちぶさたじゃないのに……。客席に向かって硬ばった顔をちょっとだけニコッとさせてみたがつづかない——メンバーの顔を盗み見た。

横を向いているがイハラさんは、「ワタシにゃ最初から分かっていましたよ」とでも言いたげな自信に満ちた表情。ダハラさんは例によってあの〝イク、ハーフー〟の笑顔だった。こんなときいちばん落ち着いているのは、リーホさんなのだ。慈《いつく》しみぶかいその微笑みを見て、ホッとして天井を仰いだらまたテンガロンハットが落ちかけたが、少し気持にも余裕がでてきたから後ろ手で摑んでしまう、これがまたウケる。ツーコーラスめを歌おうと、ハット片手にマイクに近づけば、さらに大拍手が起こって、

「どうしたんだろう、きょうは?」

最後までキツネにつままれたようだった。

「どうしたんだろう?」は、聞こえてくる歓声の凄さをいぶかって、楽屋から舞台の袖へと集まってきたフィリッピングループにしても同じだった。キツネにつままれているのも同じようなものだった。

〝ワゴン・マスターズ〟のステージが終ったときの客席の騒ぎようは、いきさつを知らないフィリッピン人たちをして、「マイッタ」と錯覚させるに充分すぎた。幕の外では「モアー、モアー」とスタンディングオベイション、幕の内側では「グレイト、ユアー・グレイト」と称賛? の握手ぜめがいつまでも続いたのだった。

後日、つらつら考えてみても、やはりあの、出のけつまずきからのひとつひとつが、

ただただ良い方へと転がっていっただけなのだと結論づけるしかない。気づく気づかぬは別としてこういうことは誰にでも必ず起こっている。一生のうち、一度や二度はかならず。

とにかく我が生涯最高の、くすぐったい日であった。

イハラさんが、「やめる」と言うのだ。バンマスなのに……。

新しい民間放送のテレビ会社に就職するのだそうだ。テレビのことを、イハラさんはそのときすでに、「ティーヴィー」と呼んだ。初めて耳にしたその発音が、とても斬新に聞こえたものだ。

テレビジョンならば知っていた。見たことはないが出たことはあった。世田谷にあるNHKの電波研究所とかいうところへ行き、二、三曲やったことがあるのだ。試験放送として流れているというが、どこで誰が見ているのかは不明だった。NHKの人は、「方々で見られてますよ、帝国ホテルとか」そう言っていたが、帝国ホテルのどこなのか？　何しろテレビを見たことがあるなんて人にはお目にかからなかった。

民間のテレビ会社なんて、鵺《ぬえ》のようなものだと思ったから、「そんなとこへ行くよりバンドの方がいいじゃないよ」と、全員、口を揃えて翻意を求めたが、とり合うようなイハラさんじゃない。

「就職しても、さしあたってはそれほど忙しくもなさそうだから、ワタシはお前さん方を外部からバックアップしていくよ」

そう言って、後任のベースマンとして、トリオ・アツタカという、自分の従弟をひっぱってきた。

のちに〝アッちゃん〟と呼ばれるようになった、目が大きく、浅黒い顔をしたこの青年は、はにかんでいるのだろうが、せいいっぱい気取った調子で、

「よ、ろ、し、く」

と、初対面の第一声を放った。彼もまた、学習院出身だった。

一九五三年、秋がもう来てしまっていた。

神々の住む家　1953〜54

〝ワゴン・マスターズ〟のメンバーの住まいは、小田急の成城学園前、代々木八幡、玉電の若林、中央線の中野、池上線の荏原中延《えばらなかのぶ》、地下鉄（銀座線しかなかった）の神宮前（今の表参道）といった世田谷、渋谷、中野、港、品川ぐらいの、比較的お互いに往き来しやすい、つまり日常の行動半径の区域内にあった。中央、文京、台東のような、古老の棲む由緒ある土地から来ているやつなんて一人もいやしない。

その内でも、中心というか、いちばん便利なところに住んでいたのが、スティールギターのダハラさん。そしてまた彼の家は大きかった。これはわれわれにとって、二重に重宝なことなのだ。

ラジオの公開録音のために、週に二日は空いている時間を利用して、バンドは練習をする。まだ貸しスタジオなど、どこにもない時代だったし、いつのまにか広いダハラさんの家の二階は、練習の場にされていた。

所は渋谷駅から歩いて十五分、松濤《しょうとう》公園と隣り合っていて、渋谷区大山町二番地、電話はご存知、四六のイク、ハーフー。

周囲の変貌ぶりをよそに、現在もそのころのままである松濤公園は、元、鍋島侯爵家の庭園だけあって、鯉の泳ぐ大きな池をかこんで、ゆるやかな斜面には、松、桜、柳、梅、藤、山吹、熊笹などが見事に配置されている。ダハラさんの家とは、たやすく跨げるほどの低い垣根と熊笹の繁みで区切られているだけだから、茶の間からでも居ながらにして美しい公園を一望することができた。ハラダ家の庭みたいなものである。

ランデブーにやってくる恋人たちは四季を問わない。とくに暖かくなってくると、男女の数は急に増えはじめ、ところどころに置かれているベンチだけではとても足りない。ハンカチ敷いて斜面に座りこむカップルも多くなり、とっぷり暮れれば、街灯のうすあかりだけなのをいいことに、公然ワイセツ罪に抵触するような行為もそこいら中に展開される。木陰に這いつくばってそれを覗く常連がいるのも分かっているから、気になってこっちはとても練習どころじゃない。そんな〝月夜の晩〟もあった。

そのためにダハラさんは、理科の授業にいるからと、中学時代に親を欺いて天体望遠鏡を買ってもらったのだそうで、この観察には年季が入っていた。アベックがあやしげな行為にたどりつくまでのタイミングや、いちばんそれに適した場所はどの辺りか、といったことについては、まるで評論家。その解説をうけながら、練習そっちのけで、望遠鏡の順番奪いあいながら二階の窓から見学させてもらったものだ。

ダハラさんは善い人だから、仮に〝神様もどき〟と言わせてもらうとする。ならば、私たちにとってダハラさんの父親は〝神様のような人〟で、母親はもう、〝神様そのもの〟であった。

父親は東大出身、大手の信託銀行で重役にまで昇った人で、ダハラさんによれば厳格だというのだが、私には口数の少ない温厚な人に思えた。並みの親父さんなら、傍若無人なふるまいにおよぶわれわれを、怒鳴りつけたりもするだろうに、この家に入り浸っていた三年余りの間に、強く文句を言われた覚えがない。

ただ一度だけ、これはのちに私がレコードを出してからのことだが、茶の間で向かいあってお茶を飲んでいたとき、ポツリと、

「歌の文句のことだがね、〝急げよ幌馬車〟の、〝げ〟はちがうよ……」

と、〝げ〟の鼻濁音について注意をうけた。ほかのことはともかく、それだけは我慢ならないといった、ひどく真面目な表情だった。

それからも大勢の人に同じことを指摘されたが、このときがいちばん応えた。今では私が鼻濁音にやかましい父親になっている。

そうこうしているうちに、この〝神々の家〟は、怖れを知らぬ子羊たちによって、まるでサロンのようになってしまった。

これについては、ダハラさんも、いまだ〝神様もどき〟だから、何か言いたいこともあったろうが、根が善い人だからそれを抑えている、というより一緒になってはしゃぐことで、自分の気持をごまかしていたところもある。

米軍のキャンプからの送りのトラックやバスは、深夜このお屋敷町のハラダ家の門前に横づけされるようにまでなり、そこに楽器を下ろしたわれわれは、さらに運転手にお願いして渋谷駅まで送ってもらう。あとは、最近入ったバンドボーイのショーボー（彼の家も渋谷だった）とダハラさんの二人が、近所に気兼ねしいしい、玄関脇の小部屋まで楽器を運び込むのだ。

次の日は次の日で、仕事に行く前、てんでんばらばらにこの家へ集まってくる。少し早く来すぎたとしても、なにしろ自分たちはここをサロンだと決めこんでいるのだから、上がりこんで、茶の間の掘り炬燵《ごたつ》に足をつっこんだまま、

「小母さんスミマセーン、お茶をもう一杯おねがいしまーす」とか、

「おいしいお煎餅ですね、もうありません？」などと勝手なオダを上げる。

小母さん、すなわちダハラさんの母親は、神々の中でも最上級の〝神様そのもの〟だから、

「あらごめんなさい、お茶ね、ハイハイ」

「お煎餅？　ありますよ、ちょっと待っててね」

いつも和服に割烹着、小ぶとりの体でお勝手から奥の部屋まで忙しく動きまわり、

「さ、お待ちどうさま」

と色白の顔をニッコリさせる。

もしかすると、自分のためにとってあったのかもしれない煎餅に、旨そうな茶通《ちゃつう》までがお盆にのって登場してきたりもするのだ。

いくら豊かになってきたとはいえ、まだ物のないそのころだ。その有様を眺めている、まだ神様までなりきれていないダハラさんがどんなに感情を抑えようとしても、フラストレーションはたまる一方だっただろう。

メンバーたちが集まってきて、ガヤガヤと勝手なことを言ってるところへ、玄関に「オハヨーゴザイマース」と元気のいい声がして、新宿甲州街道口まで、キャンプのバスを迎えに行ってたショーボーが現われるのだ。それを合図に、

「小母さん、ゴチソーサマー」

「じゃいってきまーす」

メンバーたちはバスに乗りこむ。ショーボーはせっせと楽器を積み込んでいる。バンドボーイが入ったので楽器運びをしなくてもよくなった私は楽なものだった。煎餅

ののこりをポリポリやりながら、ええと、今日はどこのキャンプに行くんだっけな、呑気なことを考えながら後部座席に座っていたら、バスの外でいきなり大きな声がした。

「テメーら、なんだよーっ！」

みんないっせいにその方を見た。

バスのステップに片足かけて、中に向かってショーボーが怒鳴っているのだ。

「なんだよ！　テメーらそれでも人間かよっ！　バスに乗るとき一個ッつ楽器持ってったってバチ当たらねえーだろーが！」

その迫力の凄さに、一瞬あっけにとられたメンバーが、われにかえって次に思ったことはだいたい同じようなものだった。

「そりゃそうだ、たしかに一個ずつ持っていってもバチは当たらない」

みんな立ち上がってゾロゾロとバスを下りはじめる。

「ホッホッホ、わかったよショーボー」なんてリーホさんは笑っているが、目はそれほどでもない。

「ワリイワリイ、これからはそうしよう、な、タナベ」

ヤマコさんがそう言ったので、私もこの十四、五歳のバンドボーイの苗字はタナベだったと思い出した。以来、ショーボーにとって楽器の積み降ろしが楽になったのは確かである。

ある日、夕方までに松濤へ集合していたメンバー一同が、いつものように迎えのバスで出発しようとした直前、一人が急に台所へとって返して、「小母さーん」と呼びかけた。

「スミマセン、すごく腹へっちゃったんだけど、ごはんあったらおにぎり一つだけ、つくってくれませんか、なにも入れなくてもいいですから……」

「ハイハイ」

神様だ。すぐにおにぎりをつくってくれる。

「なんにも入れないのでいいの？」

「いいです、塩味だけで」

出来あがったおにぎりには、ちゃんと梅干しが入っていた。旨かった（図々しくたのんだのは、実は私だ）。

もうバスが出るというのに何をやってるんだと、様子を見にきたほかのメンバーが、私があまり旨そうに食べているので、つい、

「小母さん、すみません僕にも一つ」

「ハイ、いいわよ」

それを、また探しにきたもう一人までが、

「あ、僕にも小母さん」

「ハイハイ」

そのあとからきたやつも、

「あーっ、こんなことしてたのか、小母さん、僕にも」――。

夕食のために用意されていたこの家のご飯は、おにぎりとなってあらかた消えてしまいつつあった。

「アリー！」

パクついていた餓鬼どものうしろで、びっくりするほどのデカイ声がして、いっせいにふり返ったら、ダハラさんが仁王立ちだ。普段は〝神様もどき〟のダハラさんだが、このときは、顔は蒼ざめ、目はひきつり、体はガクガクふるえていた。

「おまえたち！　そんなに人の家の飯食って旨いか！　このアリーっ！」

なんだか変な言いまわしだが、実際にこう言ったのだ。「アリー」とは蟻のことだった。

それこそ砂糖に群がる蟻のようだった私たちは、口をもぐもぐさせながら、おとなしくバスに引き返した。

しかし、このことに関しては、ショーボーにタンカをきられたときほどの反省は、一同の誰にもみられなかった。それどころか、以後バンド全員で何かに群がったりすることがある度に、誰かが必ず「このアリー！」と、あのときの怒声を真似したものだ。それは冗談だったにもかかわらず、ダハラさんは、「もうよせよ、それを言うのは……」と気弱に苦笑いしていた。

かくして松濤のハラダ家は、完全に〝ワゴン・マスターズ〟の基地《ベース》になってしまった。

基地からもっとも近い仕事場は、なんといっても〝ワシントンハイツ〟だ。

現在のＮＨＫや、国立代々木競技場を含む代々木公園一帯は、すべて米軍の家族用に建てられた住宅群で占められていた。ここを警備する空軍兵たちの宿舎であるビルディングもあったけれど、ほとんどは平屋か二階建ての木造住宅。グリーンのペンキも美しく、広大な敷地に散在していた。

整備された芝生の庭のあちこちに、ブランコやすべり台が置かれている。ロープにかかっている洗濯物すら美しい眺めに映る。まるで博覧会を飾る万国旗だ。舗装道路には、“LIMIT 15 MPH”（制限時速15マイル）の標識に従って、色とりどりのアメ車がゆっくりと行き交っていく。まさに夢のアメリカンタウンである。

そこから一歩外に出れば、今なら区役所前の公園通り。道路へだてた向かいにあった、〝ナカタニ〟というドライブイン風のレストラン、右へ坂を下りきったところの、赤いネオンもわびしげな〝ホテル・ワシントン〟ぐらいしか思い出せないほど荒漠たる渋谷の町はずれ、道路だってこちら側はデコボコだった。

ワシントンハイツには、大きなクラブが一つしかない。それはシビリアンクラブで、私たちは月に一、二度、そこで催される〝スクエアダンス・ナイト〟に出演していた。

コーラー（caller）と呼ばれる男が一人いる。朗々とした掛け声で、スクエアダンスをリードするのだ。その巧拙いかんによって、その夜のスクエアダンス・パーティーの良し悪しが決まってしまうから、コーラーは重要な役割なのだ。

アメリカ映画によく出てくる、歌うようにオークションを進行させていく競売人。古い西部の町で、〝フーテンの寅さん〟よりも立て板に水と喋りまくる、インチキな薬売り。ああいう稼業にも共通した特殊技能だ。スクエアダンスのコーラーは、アメリカの生んだ古典芸能のひとつといっていい。

〝スクエアダンス・ナイト〟では、最初から最後までチータカ、チータカとフィドルが鳴り続かなければならない。フィドルのマッコには特別手当が出てもいいぐらいの重労働である。スクエアダンスなんて、日本では学生が運動会でやるぐらいのものだと思っていたのにそうでもないようだ。

招待されたのだろう、毎回大勢のワイシャツにネクタイ姿の紳士とその奥様方といった日本人が、チェックのシャツのアメリカ人たちと輪をつくって、楽しげに日米親善風景をくり広げていた。ときにはその中に、三笠宮様の姿が見られたりもした。

イハラさんの後釜として入ってきた、ベースのアッちゃんは、バンド一の洒落者であった。年下の私は、すぐ彼のファッションに感化されだした。顔でも背丈でもひけをとるが、体つきは私とそう変わらない。彼の着こなしをいろいろ真似してみた。

ダンスパーティーの仕事のときに見そめられたのか、アッちゃんに、新橋の芸妓さんのファンがついた。色の白い、芸者にしては大柄な美女で、それがなんともセクシーで、超売れっ子だというのも納得できる。

そんな美女に追っかけられて嬉しくないはずはないのに、アッちゃんは、さも当然というような顔で気どっていた。和服の上からふわりと羽織った、婦人物の大きなショールを、肩から外してプレゼントされたアッちゃんは、その赤い大きなショールを、自分のコートのえりにぐるぐるっと無造作に巻きつけて銀座を歩いていた。あれはきっとカシミヤだっただろう。カッコいいなとは思ったが、私にはそんなファンはいないし、またそんなショールもらったとしても、自分には似合うはずがないと分かっていたから、これについては、うらやましさも中ぐらいであった。

そのアッちゃんが、アメリカ空軍のレインコートを買おうじゃないかと言いだした。

アメ横に行けば、七千円ぐらいで手に入るそうである。

「七千円か……」、考えこむ値段ではある。月給の半分に近いのだ。空軍のレインコートの恰好の良さはよく知っていた。買うことができると聞いてしまったら、矢も楯もたまらない。

「ようし」、決心してむだ遣いするのをやめた。むだ遣いのほとんどは飲み食いにかかっているのだし、私はまだ親がかりの身であったから、ためるのは比較的楽なのだ。七千円の余裕ができるのに、それほど時間はかからなかった。

アッちゃんと一緒にアメ横へ行った。空軍のレインコートがどういうルートを通って、アメ横に売られているのかは分からない。新品でないことは確かなのだから、盗品、またはそれに近い横流しか？　戦死者のもの、という考えもチラッと浮かんだが、それはないハズだ！　と勝手に自分で打ち消した。

ぶら下がっているレインコートは、程度のいいものから、傷みのはげしいものまでさまざまだった。空軍のレインコートは、ブルーの色がとてもいいから、とくに人気があるそうで、しかも私たちはSサイズでなければ合わないから、これというものがなかなか見つからない。

「今度いいのが入ったら、とっておく」と言われて、その日はあきらめた。

十日ほどしてまた行ってみたら、いいのが二着そろっていた。七千円に少し足が出

5
20

たが買うしかない。二人は待望のレインコートを手に入れることができた。その日から、青いレインコートを着て街を闊歩した。すれ違う人々は皆、羨望の眼差しでこっちを見ている！　少なくとも私たちだけはそう思っていた。

どこへ行くにも、レインコートは置いていけなかった。よく考えればいいのに……横田の空軍基地での仕事にまでこれを着て出かけた。そして、バスがゲートを通過するときに、人数などのチェックをするために乗りこんでくるAP《エアポリス》に目ざとく発見されて、あっさりと没収の憂き目にあった。おまけに始末書のようなものにサインまでさせられて——。

「これは買ったんです」と、いくら弁明しても「ノー！」である。

「このレインコートは、アメリカ空軍の制服である。官給品なのだ。どんな事情があろうと、日本人が所持することなど認められない」

そう言われればそれまでだった。

泣く子と進駐軍には勝てやしないのに、そんなところへ着ていったやつがわるかった。今の世の中、今の日本を、あのときのAPに見せてやりたいとは思う。渋谷の街だけだってU.S.AIR FORCEのシャツやジャケットが、どれほどぶらついていることか。

ダハラさんとの仲がうまくいかなくなったのか？　マツコが〝ワゴン・マスターズ〟をやめて、女性ばかりで結成したウェスタンバンド、〝ジョイ・シスターズ〟に移ることに決めたという。それはそれでまた、いいことのように思えた。

以前から胸が少し悪かったケビリさんは、療養のためにバンドの仕事を休むことになった。そしてケビリさんは、病気の方はまもなく良くなったのに、それっきりバンドの生活には戻らずに結婚して正業についた。

歌の欠員は、〝青学〟の学生で、昔ケビリさんの兄さんのヨビリさんから歌を習っていた、テラケイこと、テラモト・ケイイチさんが入ることで解決した。ただし、テラケイさんは旅の仕事はお断り、もっぱら東京とその近郊だけという約束だった。

問題は、マツコの抜けたあとのフィドラーだ。今でこそ、カントリーのバンドにバイオリンがいないのは珍しくないが、当時ウェスタンにバイオリンは不可欠なものだった。だいいち、それなしに〝スクエアダンス・ナイト〟なんてやれやしない。

「誰かいいフィドラーは、いないかな」

そこへ、横浜にフジモトという名手がいるという情報が流れてきた。皆で手分けして尋ねまわり、ようやく彼に連絡がついて、一度、東京まで出てきてもらう約束ができた。

バンドが休みの日だった。待合せ場所である新宿駅の甲州街道口に近い小さな中華料理店に、残されたメンバー五人が時間前から集合していた。マネージャーのアラシダさんも、学業に戻ったついでに、もっと大きなプロダクションへと移ってしまっていたので、リーダーシップは年長のリーホさんとヤマコさん二人の明大コンビがとっていた。

どこかにかくれて、駅の時計とニラメッコしてたのではないかと思うほど時間ぴったりに、くだんのフジモトさんがにこやかに現われた。開口一番、「ヤア、コンニチハ」などと、バンド屋らしからぬ挨拶をして、まず私たちをギョッとさせる。私より十以上も年上だというフジモトさんだが、とてもそうは見えない。メンバーの誰よりも純朴な人に思え、実際この第一印象は当たっていた。

「きょうは、遠いところをわざわざすみません」、リーホさんが一応そんなことを言って席を勧め、一同着席。会談は始まろうとしていた。

ヤマコさんが、おもむろに口を開いた。

「何を食べますか？……まあ、ここはたいした店じゃあないですから、あまりおいしくはないけれど……」

「えーと、ぼくはスブタにゴハン。それと玉子スープがいいジャン」横浜っ子は、明るくのたもうた。

「へ?……」何か、聞き違えをしたのかと思った。

「え?　何ですか」

「スブタにゴハンじゃ、玉子スープと……」

みんなだまりこみ、お互いに顔を見合わせて一様に考えこんでしまった。

私たちは、かなり以前からここの店の常連であった。仕事の集合場所が新宿のときには、ほとんどといっていいぐらい、この店へやってきているのだ。しかし、べつに食費をきりつめているわけじゃないが、ラーメンかワンタン、それかチャーハン。ちょっと奮発したってワンタンメンぐらいしか頼んだことがなかったのだ。ここだけじゃなくて、どこの店でも――。「なに?　スブタにゴハン、玉子スープだって……?」そんな注文のしかたがあるなんて、考えたことすらなかった。

「ああ、あ、スブタにゴハンですか、じゃ、私もそうしよう……」

ヤマコさんは年嵩《としかさ》だけあって、さすがに立ち直りが早い。

ほかの連中はそこまでいかないから、やっぱりいつもの、ラーメンとかを頼んでしまった。全員アッケにとられているから、もうそれからはフジモトさんの独演会。われわれは、運ばれてきたスブタと玉子スープにひたすら感服しながら、フジモトさんの口元を見つめるのみであった。

フジモトさんの独演会の内容は、およそ次のようなものだ。

「自分は、横浜は山下町にある、通称〝ハッセンイチ〟（8001）という進駐軍クラブに連日出演している。メンバーの編成は、自分のバイオリンと、アコーデオンにギター。その三人は、いずれも電気を使わぬ楽器ばかりだから、広い店内を自由に流してまわっている。固定給はわずかだけれど、酔っぱらったGIたちがチップをくれる。三人で山分けしているのだが、これが馬鹿にならない金額になるのだ。聞くところによる〝ワゴン・マスターズ〟の給料よりはずっと上だと思う」

「こりゃダメかな」との不安がよぎった。

「しかし……、自分は、ラジオ東京で放送されているあなた方の放送をよく聴いている。音楽的にもいいと思うし、ラジオや〝ジャズコンサート〟などにはぜひ出てみたい。名をとるか、実《じつ》をとるか、迷っているところです」——そこまで考えているのだから、こっちは何をかいわんやである。

「なるほど」、「へえー」、「うーん」、そんな相槌しかうてない。

「四、五日よーく考えてみるジャン、皆さんも善い人たちらしいし、あ、ぼくの分は払っていきますよ、イクラですかーっ」

「じゃあ、ま、ひとつよろしく」

と彼を送り出した後は、全員ガックリ座りこんで、それからの話はもうはずまなかった。

それがなんと、次の日、電話がかかってきたのだ。

「ひと晩いろいろ考えたけど、やっぱりオタクのバンドに、お世話になることに決めたジャン！」

こうして、フジモトさん、愛称〝オリンちゃん〟の参加がめでたく決定したのである。

〝オリンちゃん〟のバイオリンの腕前は、本場ものに近いという点でも、ダハラさんのスティールといい勝負だった。

幌馬車隊長《ワゴン・マスターズ》たちは、まだ見ぬ新天地めざして着々と前進していったのである。

定期入れのガールフレンド　1953

観るといったらアメリカ映画ばかりで、日本映画といえば、エノケンをはじめシミキン、キドシンといった喜劇、それに野球が出てくるものぐらいだった私が、今となってはなぜだかも思い出せないが「君の名は」を観に渋谷松竹に入った。もう十八歳になっていたのだから、ラジオドラマ放送中は銭湯の女湯が空になったとまで言われるこの評判のメロドラマをフッとのぞいてみたくなったとしてもおかしくはない。悲恋に憧れる時期でもあるし、実際にも片想いばっかりという、最高に女にもてない毎日を送っていたのだから。

当時の映画館に〝満員御立見〟というのは、そう珍しいことではなかったけれど、それにしても、日曜日でもないのにこの日の渋谷松竹の混雑ぶりは大変なものだった（渋谷松竹は現在の西武デパートA館辺りにあり、アトラクションの歌謡ショウ、いわゆる実演もよくやっていたし、松竹の封切館としても大きい部類に入る劇場だった）。

上映されていた「君の名は」は第二部、つまり続編だったようだ。私はこれの第一部を観ていない。だがそういう人たちのために、冒頭にあの有名な数寄屋橋での出会いのシーンからのあらすじが短く紹介され、さてとこの回のお話が始まった。

佐田啓二扮する主人公の後宮春樹《あとみやはるき》が、傷心の面持ちで北海道の果てまでやってくる。うらぶれた小駅には土地の娘が馬車で迎えに出ていて、春樹も馭者台に座り、雄大な景色の中を馬車は延々と走るのだ。

娘が白い提灯袖のブラウス姿だったから季節は夏に近かったはずである。このブラウスは「荒野の決闘」でリンダ・ダーネルが着ていたものに似ていた。まあそれはいい。とにかく十八歳の私は、ひと目でその女優に心をうばわれてしまった。アイヌの娘を演じている女優は北原三枝《きたはらみえ》といった。

〝黒百合は恋の花、愛する人に捧げれば……〟

手綱をとりながら娘は高らかに歌った。北海道の原野をバックに、キラキラ光る長い黒髪が躍るようにゆれている。

日本にもこんなに躍動感のある女優がいたのか、感激だった。パンフレットにはN　D　T《日劇ダンシングチーム》出身とあった。なるほどそうか……なっとくした。歌は織井茂子が吹き替えたということも分かったが、そんなことは気にならなかった。「黒百合の歌」は北原三枝の、あのアイヌの娘の歌だった。

早速、彼女のブロマイドを買った。私の部屋の壁はハリウッドの女優たちで占拠されていたので、北原三枝の写真はまわりをハサミで切って定期入れにしまった。

〝インク・スポッツ〟という黒人のコーラスグループがある。同じ黒人のコーラスグループ〝プラターズ〟が売り出してくる以前、長いことこのジャンルの第一人者として活躍していた。ギター、ピアノ、ベースだけをバックに四人の作り上げるハーモニーはしみじみと胸に迫ってくる。歌の途中に必ず語りが入るのがまた格別なのだ。“IF I DID'T CARE”“MY PRAYER”“JAVA JIVE”“TO EACH HIS OWN”――ヒット曲に後年のプラターズのナンバーが多いということだけでも、〝インク・スポッツ〟が彼らに与えた影響の大きさを計り知ることができよう。

その“THE INK SPOTS”が在日アメリカ軍慰問のためにはるばるやってきた。ウェスタンバンドがその前座というのも変だったが、私たちのバンドはそんなかたちで〝インク・スポッツ・ショウ〟にパッケージされて出演することになった。東京近郊の米軍基地を巡業するあいだの二、三日、彼らと行動をともにした。といっても移動の際だけではあるが。

〝インク・スポッツ〟は米軍の大型バスの中央にゆったりと陣取り、私たちを含む日本人のショウ関係者は後部座席にかたまって座っていた。

"My echo, my shadow, and me――" これは有名な彼らのヒット曲 "WE THREE" の一節だが、その歌声もバスの中で直《じか》に聴くことができた。

とにかく彼らもやはりアメリカ人だ。終始陽気で、よく喋りよく歌い、そしてよく笑う。それを見物しているのは楽しくもあるが、そのぶんわれわれはいつもよりはるかに口数が少なくはなる。所在なさに私は定期入れをとり出して北原三枝のブロマイドを眺めていた。

「きれいな娘だ」

突然、頭の上からよくひびく渋い声がした。目を上げると〝インク・スポッツ〟の一人がニッコリしていた。手をさし出して〝見せてみろ〟のジェスチャーをする。私は定期入れから写真を抜き出して彼に渡した。

「うーん、きれいだ」

しばらく眺めていたが、ちらっと私を見おろすと、

「お前の女か?」

ほとんど即座に私は〝イエス〟と答えてしまっていた。

「この写真はブロマイドで、この娘は日本の映画女優である。私はたんなるファンで……」そんなややこしいことを英語で説明するなんて、大仕事になる。〝イエス〟が

いい。じゃなかったら〝ノー〟しかないが、〝ノー〟だと「じゃ誰なんだ」とくるに決まっているから、それからの会話は海底トンネルを掘るほどの大工事だ。

定期券ぐらいの大きさに切って、大切にしまっていた北原三枝の写真は、まわりが少しスれてしまっていた。

「おい、この写真の娘は、この坊やの女だそうだぞ」

軽い口笛と短い称賛の言葉の中で、写真は〝インク・スポッツ〟のメンバーの手から手へと一巡してきた。

彼らから見ればやっと中学生ぐらいにしか思えないだろう私が、こんな素敵な恋人を持っているわけがない、そう思わないのかなあと思ったけれど、思わなかったようで……助かった。

そして次の日も、彼らはお喋りに飽きてきたりすると、

「おい坊や、お前の女の写真、もういちど見せてみろよ」

と言い出し、北原三枝の写真は二度三度と定期入れの中から出動していったものだった。そしてその三日間を、とうとう私は〝不相応な彼女を持つラッキーな坊や〟を通しきってしまったのだ。

北原三枝は、あれだけの人気スターだったのだから、そのブロマイドの種類だって相当なものだろう。百や二百ではきかないと思う。

でもどんなに沢山あったとしても、それを全部目の前に並べてもらえたら、「あ、これですこれです」

と、あのときの一枚を即座に選び出してみせる自信が私にはある。ふんわりした白のセーターを着て、ほぼ全身が写っているものだったとしか言いようはないのだけれど。

小学生のころから野球を観ることが好きだった。映画もそれに負けず劣らずではあったけれど、やはり青空の下と暗闇の中という差だけ、子供にとっては野球が勝っていた。それでも同級生たちにくらべれば、映画もよく観ていた方だ。

巨人軍選手総出演で、川上選手がセリフを言ったりもした「エノケンのホームラン王」などは、そんな私の二つの趣味をいっぺんに満足させる、まさにお誂《あつら》え向きの作品だった。続けて二回観た。

背番号0のジャイアンツのユニフォームを着たボールボーイのエノケンが、近所の人たちには自分は巨人軍の選手だと嘘をつきながら何とかチームの一員にしてもらおうとするお話だった。

誰もいなくなった夕闇迫る後楽園球場で、ホームランを打ってダイヤモンドを一周する自分の姿を空想するシーンや、向かい合って店を出している〝ジャイ床《どこ》〟という床屋（如月寛多《きさらぎかんた》）と、魚虎《うおとら》という魚屋（田中春男）が、ラジオ中継を聞きながら道をへだてていがみ合うシーンなどがとくに印象に残っている。

ホームラン王・大下弘選手が、何とあの高峰三枝子を相手役に主演した「花嫁選手」というメロドラマも観た。子供にはちょっと退屈だったし、その後、野球雑誌で撮影中にライトで眼を痛めたと書いてあったのを読んで、大下選手のファンであった私は、「ほら、やっぱりやらなきゃあよかったのに」なんてつぶやいたりもしたものだ。

井の頭線がトンネルを出て終点渋谷駅に近づいてくると、徐行しはじめた電車の窓から渋谷東宝が見えてくる。私が子供のころ、それはまさに夢の殿堂として、まだビルらしいビルのなかったこの街にあっては、今の超高層ビル群に匹敵するほどの偉容を誇っていた。

車窓から見ることのできるのは渋谷東宝の裏側なのだが、常に近日上映を予告する長細いタレ幕が何本もぶら下げられていて、東宝映画のラインアップを一目で知ることができた。「エノケンの……《なになに》」と書かれたタレ幕を見つけるたびに、私は胸をワクワクさせていた。

戦後すぐには、渋谷の名所東横デパートの上の方の階で、まだ売る物があまりなかったせいでもあるまいが、ワンフロアを分厚いカーテンでいくつかに仕切って、そこに仮設映画館といった態のものが三つ四つあった。仕切りはカーテンだけだったから、静かなシーンを見ているときに、突如隣から海賊映画のクライマックスの大音響が轟いてきたりする。「面白そうだな、やっぱりあっちにすればよかった」と悔んだりもするのだ。戦前に封切りされたものの再映が多かったようで、「北海の子」や「大平原」を観たのもここだったと思う。料金も割安だったのか、そんな映画館でも客はいつもギッシリだった。

アメリカ映画が好きだったのはもちろんである。それも西部劇や史劇といったものより、なるべく現代に近いもの、市井《しせい》のアメリカ人の生活ぶりが見られるような作品が私の好みだった。ストーリーを追いながら一方では、街並、車、衣服、部屋の調度から台所の棚や納屋に置かれてある物まで、ジックリ見ていくのだ。

それは〝シアーズ・ローバック〟のカタログを見るのと同じで、ただただ豊かなアメリカの物資に対する憧れからだけだった。「三十四丁目の奇蹟」、「センチメンタル・ジャーニー」、「情熱の狂想曲」、「三人の妻への手紙」、「一ダースなら安くなる」、映画ファンとしてはほめられたことではないが、これらの映画はそういう意味で充分に私を楽しませてくれたのだった。

有楽町駅から丸の内警察の方に向かって歩いていく途中にあったスバル座。新宿は武蔵野館を過ぎてもう少し甲州街道寄りのヒカリ座。都内ではこの二館が新作映画のロードショウ館だった。英和対訳シリーズというのをよく本屋で買ったが、ここで上映されるものは必ず出版されていたように思う。二館ともいちばん新しい映画館と認識していたのに、いちばん先になくなってしまった。戦後建てられた安普請だったから壊すのも簡単だったのだろう。スバル座だったら「我等の生涯の最良の年」、ヒカリ座ならば「失われた週末」が記憶に残る。その伝で列記すれば、新宿は伊勢丹前、今の丸井のところにあった伝統ある帝都座は「凸凹お化け騒動」だし、武蔵野館なら「ターザン」だ。武蔵野館のすぐ横には、ビンゴ屋やらゲームセンターがあった。そこで鰻釣りをよくやった。水槽には普通の鰻に混って一メートル以上もある大鰻が一匹ジッとしている。髪の毛ほどの釣糸ではひっかかっても持ち上がるわけがないのに、これを狙うやつもけっこういるとみえて、お化け鰻の口のまわりには糸の切れた釣針がいっぱいついていたのを覚えている。

自由が丘の南風座は、オーナーが父の友人だったのでよくタダで入れてもらったし、渋谷は道玄坂を百軒店《ひゃっけんだな》に向かってエッチラオッチラ登って行って……テアトル渋谷ははばかに遠かった。

道玄坂の中腹に（それほどオオゲサな勾配でもないが）コンクリートを流しこんで

TARZAN's SECRET TREASURE
セントラル(CMPE)提供
American Picture News

木の柵で囲っただけのローラースケート場があって、不良学生たちの社交場だった。ローラースケートは今ならさしずめディスコダンスに相当するのかもしれない。やけに胸元を広げたセーラー服を着た女子高生たちが、これ見よがしに足をあげて滑っていく。なみいる男たちは大学生だろうが、いずれも無帽、上は詰えりの学生服だがズボンはグレーのギャバジンというのが多い。

〝さんざ遊んでころがして、
あとでアッサリ捨てるのか
ネエ、トンコトンコ〟

久保幸江《ゆきえ》の歌う「トンコ節」のレコードがくり返しくり返し場内に流れる。ほかのレコードはないのかと思うほどである。ガァーラガラ、ガァーラガラとローラーの音が響く、男たちのバカ笑いに女の子の嬌声。「トンコ節」は歌詞もメロディーも妙にこの雰囲気にマッチした。不純異性交遊は何も近頃だけの流行というわけじゃあない。私はドキドキしながらこの光景に魅入っていた。これは昭和二十五年ごろ、まだ中学生だったころの渋谷の道玄坂の一シーンだ。

京王線笹塚駅のすぐ近く、甲州街道に面して、笹塚館という映画館があった。

笹塚は盛り場ではなかったから、それほど大きな映画館ではない、さりとて近頃よく見かけるようなビルの中に入りこんでしまった小さな映画館とも違う。長嶋茂雄さん流に言えば、「いわゆる昔のですね、スタンダードな映画館というやつでして、小ざっぱりとした、それはそれで、まさに、堂々としたものでしたんですねえ」。

ある日、自転車で走っていたら、「入場料二円九十九銭」と大きく書かれた貼り紙が目についた。

私がまだ明大前に住んでいたころだから、昭和二十四年ごろだったろうか。映画はふつう五、六十円はしていた。だから中学生の私はまず、「これはウソだ」と思った。しかし自転車をおりてようく見直しても、貼り紙の二円九十九銭はマチガイではなかった。

なんでも入場税の重さに抵抗して、館主がこの値段にしたのだそうだ。「三円以下には入場税はかからないのだ」と、近所の果物屋のオジさんがしたり顔で解説してくれた。理由はどうあれ二円九十九銭は有難かった。上映されるものに新しい映画はなかったけれど、安いのだから文句は言えない。

嬉しいことに「エノケンのちゃっきり金太」がすぐかかった。喜び勇んで観に行ったのは言うまでもない。

笹塚館はとっくになくなった。帝都座も渋谷松竹も日劇も国際劇場も日比谷映画劇場もまるで当然のように姿を消してしまった。

そして私にとっての夢の殿堂、渋谷の街のシンボルまでがついに去年取り壊されてしまった。私にとって井の頭線から見える渋谷東宝は実に貴重だったのだが。

では、先に進みましょう。

ジャズ喫茶〝銀座テネシー〟

1954

ジャズ喫茶と呼ばれるものがどんなものかは知っていた。私も何度か行ったことがある。

二十人も座れば満員になってしまうほどの小さい店。まだまだ入手困難だった輸入盤のレコードを数多く取り揃えて、アンプはどこそこの何々、ピックアップは、ターンテーブルは、スピーカーは、やれブロックを敷いた方が良いだの、壁材には吸音に勝れたものを吟味するなどして、さぞかし金もかかっただろう。その再生装置にはいたるところに店主たちのポリシーを感じさせるものがあった。

コーヒーもていねいにいれるし、もともとマニアックな店だから、感服して聴いていさえすれば、非常識なほどねばっていても文句を言われることはまずない。ただしよほどの通《つう》でもないかぎり、音楽について何か言おうとするには勇気が必要となる。

戦前からこのタイプの店は、クラシック音楽なども含めて日本中に数多くあったはずである。とまあ私は、ジャズ喫茶とはこういう店を指すのだと思っていた。ところが、一九五三年、銀座に〝テネシー〟という店が出現して以来、ジャズ喫茶とはの定義のようなものがまるで変わってしまった。

今のライブハウスとか、ミュージックスポットなどと呼ばれているものに近い。つまりバンドの生演奏を売り物にしはじめたのだ。ただしライブハウスと違うのは、〝喫茶〟というだけあって客が注文するのはコーヒーやジュースがほとんどなことだ。普通の喫茶店ではコーヒーがせいぜい六十円ていどだったとき、そこでは三百円以上とっていた。

銀座〝テネシー〟はみゆき通りを五丁目から六丁目に向かって少し行った右側にあった。七十坪はあっただろう。はじめ二階はビリヤードになっていたのだが、あまりに階下に客が入ることもあってビリヤードは取りこわし、ぶち抜きの二百人以上も入れるような大きな店に改造してしまった。上下両方の客席から見られるようにステージの位置も高くして、バンド控え室はそのステージの下、まるで防空壕に入っていくような気分がした。この改築が開店後一年たつかたたぬかのころである。

それでも人気のあるバンドが出演するときには押すな押すなの盛況が続いた。林さんという四十過ぎで痩せぎすな女社長がいつもニコニコと入口に立っている。もう座るところがないというのに「いらっしゃいませ、いらっしゃいませ」とどんどん客を呼びこみながら、店内に入った客に向かって「本日は入替制になっております」などと、藪から棒にシステムを変えたりもする。だがそれに怒る客もなく、あとからあとから入ってくるのだから、ブームというものは恐ろしい。

開店当初は、正真正銘のジャズをやるバンドばかりだったのだが、横文字の音楽は何でも〝ジャズ〟と呼ばれたような時代の恩恵をこうむってハワイアンやウェスタンのバンドも入るようになり、わが〝ワゴン・マスターズ〟もジャズコンサートでの人気を認められてか、出演できるようになった。といっても初めは昼ノ部専門である。

夜は〝池田操《みさお》とリズム・キング〟、〝吉屋潤とクルー・キャッツ〟、〝秋吉敏子グループ〟、守安祥太郎（ピアノ）、海老原啓一郎（アルト）、鈴木章治（クラリネット）といった一流のジャズミュージシャンが出ていて、いソノてルオとか大橋巨泉が解説兼司会のようなものをやっていた。

私たちはよく、昼ノ部で見ていた客の中から可愛い娘を見つけては、その娘たちと一緒に夜ノ部の〝テネシー〟に居残り、観客に早替りして二階の隅からジャズの演奏を楽しんだものだ。テナーサックスの吉屋潤は、歌もまたすばらしく私のいちばん好きなプレーヤーだった。

「クマーナ」という曲の途中で、突如ピアノの下に潜ってしまい、下から手だけ伸ばして弾き続ける名手守安祥太郎の、奇異な、しかし感動的な演奏や、現在とまったく変わらぬ大きな態度で司会をしている若き大橋巨泉を、それこそ煙に巻かれた態で眺め入っていた。

この年から〝ワゴン・マスターズ〟はコバヤシさんという新しいマネージャーのものになっていた。通称〝ディッキー〟と呼ばれたコバヤシさんは〝ウェスタン・ランブラーズ〟という日本では草分け的存在のウェスタンバンドのマネージメントをしていたというこの業界でのベテランであり、私たちにとっては初めての、プロのマネージャーだった。

陸軍士官学校出身、身長百八十センチになんなんとする体軀を誇るコバヤシさんは、しかしプロには珍しい軍人特有の純粋さと、いかにも軍人っぽいしたたかさを合わせ持つ、信頼にたる大人だった。年は三十ぐらいだったろう。

〝ワゴン・マスターズ〟の仕事場は米軍キャンプをメインに、コンサート、ダンスパーティー、ラジオ、そしてジャズ喫茶と拡がっていった。コバヤシさんは、私たち七人の月給を一律四万円と決めた。これはその月二十五回までの仕事についてで、それ以上働いたときにはオーバータイム代として一回二千円、これは大変な金額だった。

フランク永井の「一万三千八百円」という当時のサラリーマンの平均的な初任給を歌った、あの曲の流行する三年以上も前のことである。だからこの月給保証はちょっと気前が良すぎる感じもあった。コバヤシさんは大損とまではいかなかっただろうが儲かりはしなかったはずだ。賭けに出てみたのだと思う。結果みごとに成功したのだから先見の明といっていいだろう。

まあとにかく、私たちは持ったことのない大金がもらえることで、それこそ天にも昇るような心持ちだった。新宿のラーメン屋で〝スブタと玉子スープ〟に驚いたことなど遠い昔のようである。

最年少の私で十九歳、他のメンバーだってたいして年上というわけじゃない。しかも全員独身。こういう連中に持ちつけぬ金を与えたらロクな使い方をしないに決まっている。それほどたくさんの給料をもらっていながら、私たちのふところは酒と洋服のために常にさびしかった。

いくら高給といっても四万円である。これだけでは、酒を飲むといってもさすがに銀座のバーやクラブには通えない。洋服というものも今にくらべて割高だったから、これも銀座の一流の店でというわけにはいかない。

〝テネシー〟に出入りして、そこに出演するバンドのユニフォームなどの注文を一手に引き受けていた、浅草は菊屋橋からやってくる十字屋テーラーのオジさんがいた。

私たちももっぱらこの海野さんというオジさんに注文していた。洋服屋だから当然ながら海野さんは〝テネシー〟に来るとき、いつもカバンに生地のサンプルを貼りつけた見本帳を何冊も入れている。

そして休憩時間の控え室では、その見本帳をはさんで私たちとの攻防戦が始まるのだ。

「ねえ海野さん、このツイードで上下を作ると、いくらぐらい？」

海野さんは、貼ってある小さな生地見本のはしっこをひょいと指でつまんで持ち上げ、その下の台紙に印刷されている暗号のような六、七桁の数字を眼鏡の奥からすばやく読み取る。そしておもむろに、

「えーっと……これは……ですねえ」

と天井をにらみながら、ポマードでぺったりなでつけたオールバックの頭のてっぺんを、手にした鉛筆の先で、チョイチョイと二、三回掻く。これが彼のいつもの決まった動作だった。その間、約二十秒。

「ツェーゲーというところですかね」

さすがバンド屋の服を長いこと作っているだけあって、符牒の使い方も堂に入っている。ツェーゲーとは一万五千円を意味した。

「カイタカイタ！　ツェーイーがトコイイだよ」(高い高い！　一万三千円がいいとこだよ)

「アッハッハッハ(これは符牒ではない、笑い声です)、それじゃまあツェーエフ

（一万四千）というところですかな」

二千円値切ろうとして、その中間で決まるというのも、儀式のごとき毎度のパターンだ。結局は海野さんの言い値で作っていることになるのだが、そのころは、誰も気がつかずに何となくトクした気分になっていたのだからまったくもってオメデタイ。

しかし千円、二千円はどうでもよかったのだ。というのは、支払いはおおむね十回払い、それも「有る時払いの催促無し」に近いし、仕立て上がったそのあとは、海野さんの掛け取りをどうやってかわすかの方が重要になってくるのを私たちは知っていたからだ。

海野さんにとって、言い値で作らせたにせよ、その服の数は二着や三着ではないわけだから、本当の苦労はいつもここから始まるのだった。


酒を飲むところといえば、ただひたすら五反田だった。私たちが通いつづけたスタンドバー「ヨーコ」はその五反田の飲み屋街の外れのまた外れといってもいいようなところにあった。

マスターは榎島さんといい、戦前から鳴らしたジャズの名ドラマー。引退して奥さんと二人で始めたのがこの「ヨーコ」だった。

小柄だががっしりしている。短く刈り上げた髪はグレーがかってはいるものの白い歯を見せて笑うところは色黒のせいもあって、何とも邪気がなく親しみが持てた。世代も、音楽のジャンルもまるで私たちと違うから、店に行くまで彼について何も知らなかった。

あるとき、旧友を訪ねて〝テネシー〟にやってきた榎島さんから通りすがりに、

「五反田でちっちゃなバー始めたから寄ってみてよ、サービスするから」

と声をかけられ、そのひとことに、ちょいとのぞきに行ったつもりが、何とこの店で一、二の常連になってしまった。ことばどおりサービスは文句のつけようもないものだった。最大のサービスは給料が残り少なくなってきてもツケでいけることだ。

月給が入るとツケを払い、その晩からまた「おねがいしまーす」。二、三カ月はまじめにそんなペースを守ったが、金というのは、どうしても現金でないと、という方へ優先的に流れてしまう。で、こうなった。

「すみません榎島さん、今月は何だか支払いが多くて金なくなっちゃったんですよ。あ、そうだ、洋服屋が強引に持ってっちゃったんだ。来月はかならず……」

十字屋テーラーだって払ってもらえずに〝テネシー〟まで無駄足を運んでるのに、ダシにされた海野さんこそいい迷惑というものだ。

通いはじめたころにはウイスキー、それも舶来ものを飲んだりもしたが、気がとがめだしてからは、なるべく安く、早く酔えるようにと心がけて、ジンのストレート専

門になった。

「ジンのストレートをどんどんやると胃にも悪いし、いくら若いといっても体こわすよ。これを飲みなさい」

　こう言って榎島さんが、グラスになみなみと注いでくれたのは、おつまみに使ったオイルサーディンの、その残りのオイルだった。

「これを先に飲んでね、胃の中に膜をつくっておくといいよ。ジンスト飲む人はよくそうやってるよ」

　ウソかホントかは分からなかったが、何となくもっともらしいし、素直に従った。旨いものじゃなかった。そんな思いまでして、とも考えたが、毎晩酔っぱらうのがくせになっているころだったからジンストはしばらく続いた。

　バンドのメンバーのうち、ベースのアッチャン、スティールのダハラさんは酒豪だし、ギターのリーホさんやヤマコさんは大人だからいくら酔っても程度というものを心得ていたが、それでもツケは全員同じようなペースで増えていった。不思議である。そして月末ともなれば榎島さんや海野さんへの言い訳を考え、はてには〝テネシー〟のトイレに隠れるまでいったが、バンドボーイのショーボーが、

「今、トイレに行ってますよ」

　と彼らに告げて、私たちに居留守を使わせてくれなかった。

「だって居るものを居ないなんて言えっこないでしょう」
実家のいいショーボーの、毅然たる言い分だった。

ジャズ喫茶のようなステージが多くなってくると、米軍キャンプでやっていたときのような曲を並べるわけにはいかない。いくら歌詞が良くても、単調なメロディーの英語の歌ばかりでは客に飽きられてしまう。いきおい西部劇の主題歌とか、日本でもヒットしたポピュラーソングを多くしていかざるをえなくなってくる。

〃ワゴン・マスターズ〃のもうひとりのシンガー、青学ボーイのテラケイさんは、私と違って新曲をこなすのが何といっても早かった。

のちに私がレコードに吹き込んだ「16トン」も、「ハートブレーク・ホテル」も「ラブ・ミー・テンダー」も「デービー・クロケットの唄」も、どれもテラケイさんが先に自分のレパートリーとして歌いはじめたものだ。まだまだそういう曲はいっぱいあった。彼がステージで歌うのを聴きながら私もいつのまにかそれらの歌を覚えたものだ。

しかし覚えたからにはステージで歌いたくなる。一回約四十分のジャズ喫茶のステージでは、短いバンドのテーマ音楽があったあと、私が二曲、テラケイさん二曲、インストルメンタル一曲。そしてまた私二曲、テラケイさん二曲といった構成だった。

先に手をつけた方が持ち歌にする。それがお互いの不文律のようになっていたのだが、それだと好い歌はすべてテラケイさんのものということになってしまう。それなら勉強して彼より早く覚えればいいものの、とうてい敵う相手ではなかった。

ステージの順番では私が先に歌う。それだけが有利だった。あるとき無断で彼の歌をやってみた。何を歌うのかはあらかじめ決めてあるのではなくて、歌う前にステージの上でそのつどギターのヤマコさんにすばやく伝えるのが常だった。

ところが歌い終えてテラケイさんの番になると、彼も平気な顔をしてすぐ同じ曲を歌うではないか。また私の番がきた。私もしつこく同じ曲を歌った。続いてテラケイさんもやった。都合四回、同じステージに同じ曲が流れたということになる。

二人とも若かった。客がどんな顔をしているかなどをかまってはいられなかった。バンドのメンバーは面白がって笑っていたが、さすがに私は気が引けた。そのステージが終ったとき、「悪かった」というようなことを言ってテラケイさんに謝まった。するとテラケイさんはなんでもないという顔で答えた。

「いいよそんなこと、いっぺんに何回もやった方が、客だってその歌を早く覚えられるから喜ぶんじゃないの……」

断っておくが、今はこの二人、大の仲良しなのである。二人は誕生日が一緒で、

「こういうのは考えることもだいたい同じ、似たもの同士同じような運命をたどるも

んだよ」

　二歳年長のテラケイさんは、いつもそんなことを言っている。そして今でも新曲を覚えるのがメチャメチャに早い。


〝ワゴン・マスターズ〟は、〝テネシー〟の夜ノ部にも出演するようになった。晴れがましい気分だった。夜ノ部の方が客の年齢層がずっと高くなる。入りは良いし、静かに聴いてくれるのに拍手は盛大だ。リクエストにも私たちをニンマリさせるような通《つう》な曲が多い。しかしいかんせんステージが盛り上がるには静かというだけでは今ひとつもの足りない。これじゃ〝室内楽の夕べ〟のようでもある。

　ところがその不満を一挙に解決してしまうほどの、うってつけの常連客が出現するようになったのである。

　最初は「何だろうこの人は？」とビックリした。やがてその人はウエダモタロウ《上田茂太郎》という新派の女形だと知れた。年は三十ぐらいということだったが、伝統ある世界に生きる人だから、それよりはだいぶ上に思えた。後輩だろうか、いつも二、三人の若い男女を引きつれていた。

　モタロウさんは〝テネシー〟に入ってくるや、一人で満員の客席を見まわしながら通路を進んでくる。ステージのすぐ前のいちばん見やすい辺りで立ち止まり、

「あ、ここ、ここ。ここに座れるわよー、ちょっとみんなあ、席あいてたわようー」

入口に向かって大きく手まねきしながら、

「すみませんですわねえ、少々お詰めくださいますかあ」

とそこらの客たちにしなをつくる。

一人がおしり半分ずつ詰めれば、混んだ電車だって四人分の席ぐらい楽にできるのだから、ジャズ喫茶ではもっと簡単だ。

それからのモタロウさんの応援がまた派手だった。何しろ新橋演舞場なら三階の奥までビンビン響かせるであろう筋金入りの女形の発声である。どんなに本人は軽く言ったつもりでも〝テネシー〟中の人たちの耳にとどいてしまう。二階の客などは、わざわざ前の手すりのところまで出てきて下をのぞいて見たりもしている。

しかし言うことにはユーモアが感じられるし、その人柄にトゲがないからまわりの人たちは皆好意的だった。

新派の女形とカントリー&ウェスタン、どこに接点があったのかは不明だが、モタロウさんのお目当ては私ではなく、ダンディ振りならうちのバンドで一、二を競うテラケイさんかベースのアッちゃんではなかっただろうか。それにしても有難いお客様だった。今ひとつの盛り上がりに欠けていた夜ノ部のステージは、たちまち華やかなものになる。彼？　一人いるだけで百人の親衛隊にも匹敵するパワーがあったのだから。

モタロウさんの姿が見えぬ夜は、「どうしたのかなあ」と、私たちは入口の方をいく度となく気にし、いつのまにかその出現を心待ちにするようになっていた。

ブームに乗ってあちこちにジャズ喫茶ができはじめた。そのひとつ新宿の〝オペラハウス〟にもよく出演した。

オペラハウスは武蔵野館のすぐ近くにあるキャバレーなのだが、昼間店を遊ばせておく手はないと、〝テネシー〟の成功にならって後発した、いわば変則ジャズ喫茶とでも言うべきものだった。それでも立地条件は最高だから客の入りはいつも大したものだった。

夜はあいかわらずキャバレーなのだからジャズ喫茶としての営業は昼ノ部だけである。ステージの脇といわず通路といわず、店内にはハリボテの椰子の木だかバナナの木だか理解に苦しむような代物がそこら中に立っている。椅子も六、七人ずつは座れるようなボックスシートだし、床のジュータンには長年のキャバレー営業の歴史を物語る、こぼれたビールの匂いがしみついているといったような、同じジャズ喫茶でも〝銀座テネシー〟とは異なった趣きの店であった。ブッキングも担当していたここの支配人の嶋岡さんという人、これまた出たがり屋で司会もするのだが、その口調がいかにもキャバレーのショウタイムを思わせるもの、何ともはやの〝オペラハウス〟であった。

ジャズ喫茶などの日本のステージが忙しくなった私たちは、マネージャーのコバヤシさんの思惑もあって、米軍キャンプの仕事を徐々に減らしつつあった。駐留しているアメリカ兵の数も、基地の数も目に見えて少なくなり、先行きが見えてきたこともあるし、だいいち米軍キャンプのほとんどが都心からは遠すぎてカケ持ちはできないし、出演料も頭打ちの状態になっていたのだ。

アメリカ兵の前で歌えないことに淋しさはあった。ダメなときはダメだが、いったん盛り上がったら日本のステージで味わえないスサマジさがある。少なくなっただけにキャンプの仕事は楽しみになってきた。

五時半までのジャズ喫茶の昼ノ部を済ませてからでも間に合うような近場の米軍クラブといえば、シバウラだった。

芝浦とは、今思えば竹芝桟橋の辺り、海軍のクラブだった。勤務している兵隊の数が少なくなったせいで、客席はいつもすいていた。かつての盛り上がりには一度も遭遇しなかったが、客たちは皆熱心に聴いてくれたし、何といってもここには確実にアメリカがある。それが嬉しかった。

岸壁ぎりぎりのところに建てられていたこのクラブは、ちょっと海が荒れればすぐに浪飛沫《なみしぶき》をかぶるのだ。まさか建物がこわれるようなことはあるまいとは思っても、台風シーズンなどは演奏していてけっこうスリルを感じたものだった。むろん客は海軍サンだからその程度の嵐など〝平気の平左〟である。

クラブの内には、赤や青や緑の豆電球がずらりとぶら下がり、海面に当たった照明塔の光が窓ガラスにゆらゆらと反射していた。

だいぶ後のことだが日活映画をよく観るようになって「あっ、シバウラのクラブみたいだ」と思うことがあった。あのころの日活映画にはこんなようなクラブがしばしば登場してきた。日本とも外国ともつかないような無国籍ムードは、進駐軍から日活映画へと引き継がれていったのだろうか。

アメリカ兵がジャズ喫茶に入ってくるということはめったになかったが、一人だけ〝テネシー〟に常連がいた。その男はいつもビールの小瓶を一本だけ飲んで、あとはたいてい人口近くの柱にもたれて立ったままねばっていた。

ホモだという噂があったので怖れて皆近寄らない。顔も体格もカーク・ダグラスばりで強そうなのに、それにしては少し目つきがトロンとしていた。入口のそばに立っているから、まるっきりそこを通らないということはできない。ときどきつかまって話しかけられてしまう。

「お前のあの歌の、あの箇所の発音はグッドである」などと。こっちは「サンキューサンキュー」でそそくさと通り過ぎるのだ。

「明日は給料日なので、これから床屋にいってくる。金が入ったら全員にビールをおごってやろう」

聞かれもしないのにそんなことも言う。米軍にはボサボサ頭では給料をもらえないという軍規があったのだろうか。あまり誰も相手をしないものだから、そのうちとうとう顔を見せなくなってしまった。気の毒だが、皆一様にホッとした。


女子高生たちの姿も〝テネシー〟に数多く見られるようになった。学校がうるさいのだろう、大きな袋を提げて来て、トイレで私服に着替えたりする子も大勢いた。母親同伴という娘もよくいた。昭和二十九年の話だが、このことに驚く人は少ないと思う。今にも通じる風景だ。考えようによっては日本の封建時代は長い。私たちは女子高の制服をずいぶんと識別できるようになった。

入学シーズンが近づくと皆でデパートへ行き、陳列されている有名女子高の制服をかなり離れたところから当てっこするのだ。確率の高さはかなりのものだった。

「あれは川村、こっちは山脇かな、えーと跡見、女学館、嘉悦《かえつ》と、それから……」

今考えると恥しいかぎりだが、でもなつかしい。なつかしいの方が本音である。

『ミュージック・ライフ』と『スイングジャーナル』という音楽雑誌がよく売れていた。『スイングジャーナル』は純然たるジャズの専門誌だったからわれわれウェスタンは関係ない。気になるのは『ミュージック・ライフ』の方で、中でも年間を通じての人気投票にいちばんの関心があった。バンド部門、歌手部門、それも男女別、ジャンル別といろいろ区分されている。一冊に一枚の投票用紙がついていた。

いくら小遣いをもらっているのか、百円もする『ミュージック・ライフ』を何冊も抱えてジャズ喫茶に入ってくる女子高生もいた。そういう子たちはわれわれからとても大事にされて、それがまた彼女たちを悪い意味でエスカレートさせた。投票用紙を切り取ったあとの『ミュージック・ライフ』がバンド控え室に山積みになっていた。私たちが『ミュージック・ライフ』を買うということはただの一度もなかったといっていい。

嬉しいプレゼントがあった。洋服生地なのだが、十字屋テーラーにはちょっとないものだった。無地のポーラー、色は何ともいえぬ深みを持つこげ茶である。赤っぽくもなく、さりとて濃すぎもしない、まさに逸品なのだ。以来あれほど微妙な色合いのこげ茶にまだお目にかかっていない。

贈り主がこれまた上品なお嬢様、といっても高校生だったが、決してオーバーな表現ではなく、お見せしたいくらいの美人だった。なのに名前を思い出せない。覚えているのは彼女の顔と、お手伝いさんが携えてきたその洋服生地だけである。英国屋のお仕立券といったものがついていた。銀座で一、二を争うこの有名な洋服屋は、〝テネシー〟から歩いて一分とかからぬほどの目と鼻の先にある。

まだ十九やそこらの小僧っ子が入って行けるような店ではない。しかしお仕立券つきである。意を決して英国屋のドアを押した。

贈り主のお嬢さんの実家はここのお得意様なのだということがすぐ分かった。店の人に鄭重に扱われれば扱われるほど、〝笑われているぞ〟の私の思い込みは強くなる。

まず寸法をとってもらった。「どんな型になさいますか」、「ズボンの太さは」、「えりの幅は」。一応訊かれたが、こっちにはいつもの十字屋テーラーに対するほどの調子が出てこない。値段だって十倍に近いだろう。何か注文もつけたとは思うが、「お客様、いいえ、それは……」で、世田谷育ちの田舎者の悲しさ、結局すべて英国屋の言いなりになってしまった。

「十日ほどしたら仮縫いにお出かけ下さい」と言われて、店員よりも深くおじぎをして店を出た。汗びっしょりだった。

十日が過ぎた。恥しい思いをしないようにと下着にも気をつかい、約束の時間に英国屋に着いた。

「担当の者にちょっと急用ができましてただ今外出しておりますので、しばらくお待ちを」

もちろんおとなしく待っているしかない。

小一時間ほどして、見覚えのある顔がニコニコと帰ってきた。「申し訳ございません」をくり返されながら仮縫いをしてもらった。

ピンを打ちながら店の人同士でしきりに話をしている。鳩山先生という名前がやたらに出てきた。どうやら総理大臣のところへ届けに行ったらしいとは、いやでも分からされてしまうのだ。

「先生は、われわれ洋服屋以上にお詳しいから」

などと喋りながら、返す刀で「いかがでしょう」と訊かれても、こっちに返事ができるわけがなかった。

何年かして、自分の金ででも英国屋の服一着ぐらいは注文できるようになってから、一度だけこの店で作ってみた。が、やはり同じ思いをさせられた。英国屋もエライといえばエライ。そして以後、英国屋と私は縁がない。それにしてもあのときのこげ茶のポーラーの服は良かった。いろんな人にほめられた。私も恥をかいた甲斐があったというものだ。

観客動員力ということなら、〝テネシー〟に出ているバンドの中で〝ワゴン・マスターズ〟もかなりいい線までいくようになった。昼夜合わせて月に十五回近く出演するまでになったのだからテネシー様々である。

そんなとき、テレビ局に就職してしまった元バンマスのイハラさんが、久しぶりに〝テネシー〟に現われた。

「お前さんをね、いっぺんコロムビアのディレクターに会わせておきたいんだがね、昼間あいてる日は、いつだい？」

二年前に東京駅のステーションホテルで初めて会って以来、私にとってイハラさんの言動には常に〝成功の甘き香り〟がついてまわっているような気がしていた。そして今回の話にはいつにも増して画期的なことが起こりそうな予感さえあった。

今でいうと霞が関インターから日比谷公会堂裏、第一勧銀本店脇を経て銀座日航ホテルに向かう道路の、やがてJRのガードにさしかかろうという少し手前の左側に、子供でも知っている大レコード会社〝日本コロムビア〟があった。当時としても古めかしいビルディング、大きな玄関に向かって石の階段を上っていくところなど外国の裁判所を思わせた。それもそのはず、墨くろぐろと大書された「関東信越国税局」の木製の看板がかけられ、訪れる人々を睥睨《へいげい》しているようだ。

第二大蔵ビルといい、東京税関とか公正取引委員会とか、その種の事務所が雑居しているのだそうだが、なぜかレコード会社がその一階の大部分を占拠していた。もちろん大きなレコーディングスタジオもここにある。

イハラさんに連れられ、緊張しつつ、このいかめしい建物に入った私は、ディレクターだという人の、思いもよらぬ愛想の良さにまず驚かされた。

あの笠置シヅ子のものなどを数多く手がけてきた古参ディレクターの松岡さんだが、第一印象は全校生徒に慕われている園芸高校の教頭という雰囲気である。応接室を使っての三人の話し合いは、さしずめ私が転校生、イハラさんはその父親というところか。

イハラさんはその昔の〝チャックワゴン・ボーイズ〟時代から松岡さんとは親交があったようだ。それにテレビ局というものが未知数なものだったにせよ、そこの音楽セクションに籍を置いているのだから、今や業界人同士だ。私のことについても幾度か話はしてきたのだろう。だまって隣に座っていてもそれは感じられた。松岡さんもコンサートやラジオで私の歌は聴いたことがあるという。

だがよーく二人の会話を聞いていると、事はそう煮詰まってきているとも思えない。

「なあんだ」と、私もちょっとがっかりしだしたそのとき、突然イハラさんがこんなことを言い出した。

「チエミがね、こないだ国際に出たとき、バカにこの男の歌が気に入っちゃってね、デュエットで吹き込みたいと言い出してるんですよ。キングから問合せもあって……あれは何だったかね？　あ、『セブン・ロンリー・デイズ』か、なあ」

急に話を振られて、私はとび上がらんばかりにびっくりした。

江利チエミと一緒に出演したのも、それが国際劇場だったのも、ホントである。「テネシーワルツ」を歌う彼女のバックバンドで、ギターを持って立っていた。たしかに「セブン・ロンリー・デイズ」はデュエットできる曲だし、そこまでに嘘はない。だがそれ以外は……キングレコードからの問合せなんて初耳だし、まして江利チエミが私の歌を気に入っただなんて……なんということを言うんだろうイハラさんは！

しかし私を見るイハラさんのスルドイ眼光には〝ええ〟としか答えさせぬような重圧感があった。

「ほほう、それはスゴイ」

と微笑んでくれた松岡さんの顔も忘れられない。

話し合いを終え、コロムビアの玄関の石段を下りてくるとき、もうイハラさんは何も言わなかった。私の打った相槌は及第だったのだろうか？　自分のひろげた風呂敷の大きさに照れたかのようにイハラさんは寡黙になっていた。だが何にせよ、ここぞというときのイハラさんは、野球にたとえれば四割バッターに近い。そしてそれは私の幸運でもあった。

江利チエミうんぬんが決め手になったわけではないだろう。いくら昔とはいえ大レコード会社がそんなに甘いものであるはずがない。

が、しかし、それ以降レコーディングの話がトントンと進みだしたのもまた事実だった。

作曲家のレイモンド服部さんに引き合わされた。歌の世界では私が生涯の師と仰ぐ人だ。

短い言葉で表わすならば、とにかく優しい先生だった。おすもうさんのように大きな体、コールマンひげ、眼鏡の奥から温厚な目がのぞいている。決して語気強くものを言われることがなかった。以後十年余りにわたってコロムビアで百五十曲以上の歌を吹き込んだが、作詞、作曲、訳詞のいずれか、レイモンドさんはその大半に関与されていた。

しかしこのときは簡単な打合せだけで、私のデビュー曲「ワゴン・マスター」ができ上がってきた。B面は「モンタナの月」。二曲ともハースさんというアメリカの人が作った英語の歌詞までついていた。

初めてのレコーディングの日、譜面だけを持って地下鉄で出掛けた。そのときはいつもと変わらぬ気分だった。

広々としたレコーディングスタジオには、エンジ色のカーペットが敷きつめられている。そして歌手用のマイクが設置されてある辺りに、おなじみのコロムビアのマークが黒く染め抜いてある。歌い手はその直径二メートルほどの円型のマークを踏むようにして歌うのだ。

「嗚呼《ああ》、美空ひばりもここに立って歌ったのだろうか……」

そう考えたら、急にひざが震えてきた。

テラケイさんが変わった歌を覚えた。毎ステージ必ず歌うほどだからよほど気に入っていたようだ。「誰の歌った曲なの」と訊いたら、エルビス・プレスリーという新人だと教えてくれた。ビクターからレコードが出ているというので遅ればせながら買いに行った。

“I FORGOT TO REMEMBER TO FORGET”

「忘れじの人」という邦題がついていた。むろんＳＰレコードである。これが最初に聴いたプレスリーだった。それから気をつけていると、ＦＥＮのラジオからはしょっ中プレスリーの歌が流れてくる。やっぱり私はだいぶ遅れていた。

そしてテラケイさんに負けじと私もプレスリーに凝りはじめた。テンポの速い曲などは、どこを聴いても何と歌っているのかまるで聞きとれない。それでも、今までにない斬新さにまいった。いかにも〝現代〟を感じさせた。「これからはこういうのじゃなくちゃ」と思ってしまった。錯覚だったのだ。聴くだけにしておけばよかったのに。プレスリーの音楽はプレスリーだけのものであった。

私がそれまでの五年間、情熱を注いできた音楽はプレスリーが出てくる前までのアメリカンミュージックにあった。それが自分にいちばん合っていたのだ。それなのに踏み外すというか、そのことをつい忘れさせてしまうほどの魅力がエルビスにはあった。

その年の暮れ近くに発売されたわれわれのデビューレコードが、少しずつ売れてきているとコバヤシさんから知らされた。だがそのときはまだブームを起こすとは、私も含めバンドの誰もが思ってみもしなかった。

それはまるで、裏庭の八つ手の葉っぱを、ポツリポツリとかすかにゆらしていた降りはじめの雨が、突然、雷をともなう激しい夕立に変わったような勢いでやってきた。

もうそのときすでに私たちは、引き返すことのできない〝芸能界〟という底無し沼にひざ近くまではまりこんでしまっていたのだ。

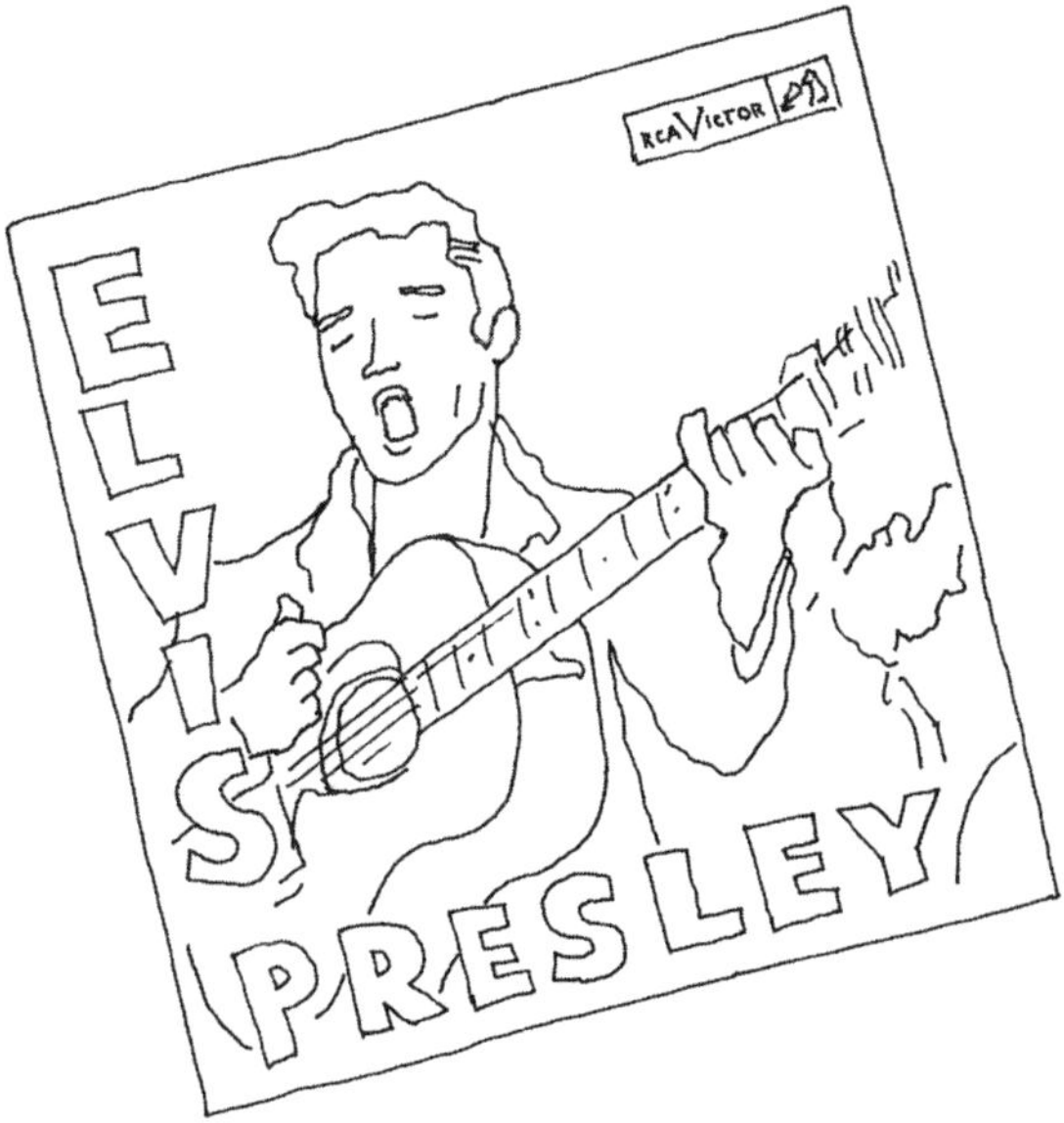
RCA Victor
ELVIS
PRESLEY

思えば私の少年期には、苦労らしい苦労などひとつもなかったと言っていいだろう。〝毎日、毎日楽しいことばかり〟、「およげタイヤキくん」の歌そのもののような、昭和二十年代のことであった。

さて、それからというものは……　　１９５５〜

ワゴン・マスター
急げよ幌馬車
ワゴン・マスター
うれしい便り乗せて
雲の果てにつづく道
恋しいあの娘の町へ
ワゴン・マスター
日暮れだ星空だ

日本コロムビアから発売になった私たちのデビュー曲「ワゴン・マスター」は、年が明けても依然快調な売れ行きをみせていた。

そうとなれば、レコード会社はどんどん新譜を出させてくれる。まだLPレコードの時代ではなかったからシングル盤で攻めるしかない。

「デービー・クロケットの唄」、「雨に歩けば」、「16トン」などなど、五枚を出すのに半年はかからなかった。これはいくらレコードが売れた時代とはいってもハイペースであることにまちがいはない。

デビュー曲こそレイモンド服部作曲の和製ウェスタンだったが、以後のものはほとんどカバー・バージョン（外国曲の焼き直し）だ。いずれもレイモンドさんか岩谷時子さんの手になる日本語の歌詞がつけられていた。

直訳でもなく、さりとてそれほど意訳というものでもない。メロディーの流れにぴったりとフィットしている。これがレコードの売れた要因だったとも言える。

そのあとが「ハートブレイク・ホテル」だ。プレスリーの曲を日本語に替える作業は、さぞかしやっかいだったろうと思う。

レイモンドさんに呼ばれて、洗足池《せんぞくいけ》にある先生のお宅まで伺った。レイモンドさんが考え出した訳詞をワンフレーズずつ私が歌ってみる。ちょっとぎこちない感じがあればそこをまた手直しししながら進めていって、夜も白みはじめたころにようやく「ハートブレイク・ホテル」四コーラス分の日本語の歌詞が完成した。

「昔、ダミアのね、『暗い日曜日』という歌が流行《はや》ってね……いい歌だった。……それを聴いて自殺してしまった人が大勢いたんですよ」

温厚なレイモンドさんが、ガスストーブの小さな炎を見やりながらそんなことをポツリと言われた。

だが私の歌った「ハートブレイク・ホテル」は、レイモンドさんのそんな思いとはうらはらに、何とも情緒不足なものに仕上がってしまった。

ただ、訳詞がとてもうまくメロディーにのせられたということだけは自負できる。

この曲はこれまでのものをさらに上まわるヒットとなった。プレスリーとレイモンドさんのおかげである。


〃ワゴン・マスターズ〃の忙しさといったらなかった。テレビに歌番組はないにひとしかったし、受像機自体がまだまだ普及とまではいかないのだから、国中の多くの人に見てもらうためには地方巡業しかない。

映画は隆盛を保っていた。どんな小さな町へ行っても映画館の一つや二つはある。

私たちの地方巡業とは、その全国の映画館をまわっていく〃映画と実演〃というものだった。

今や死語となってしまったが、この場合の〃実演〃というのは、あくまで「映画館で行なわれるアトラクション」という意味合いのことばだ。当然映画も併映される。街頭に貼り出されるポスターはもちろん、新聞広告にもこの〝映画と実演〟ということばは堂々と幅をきかせていた。

「映画と実演!!」

なんと〝見せ物〟のニュアンスを強く感じさせることばだろう。しかしこの時代の人気歌手で、これをやらなかった人などまずいない。

私たちも、九州を一カ月まわったら東京へ戻り、二週間ほど日劇とか国際劇場（ときには江東劇場や渋谷松竹だったり）などに出演し、そのほかラジオ番組や日比谷公会堂でのジャズコンサート（これは決して実演とは呼ばれなかった）といったもろもろの仕事をこなしてオン・ザ・ロード・アゲイン《ふたたび旅へ》。

東北地方へ三十五日、大阪・京都・名古屋と半月過ごしたら北海道へ飛んでまた一カ月。それから次は山陽道へ——といったぐあいに全国津々浦々を〝実演〟してまわった。

今のように主要都市だけでやって、そこへ大勢の人々に出掛けて来てもらう、というのではない。交通の便だって悪かったから、そこまで行けない人のためにも、それこそ人口二、三千ほどの町へもまわって行くのである。言ってみれば歌の〝出前〟のようなものだった。

今でも、演歌のように大人の聴衆が多い歌手は、けっこう小都市まで巡って行くようだ。芝居また然りである。いいことだと思う。大人は出かけるヒマも少ないし、ヒマのある人は体力も少ないし、遠出すれば金だってかかる。生《なま》に敵《かな》うテレビはないのだから、できれば巡った方がいいと思う。親切ということにもなるのだから。〝ドサ〟という悪いニュアンスを気にすることはない。——昔の私たちの話に戻ろう。

たとえば山陽道を西に向けて順々に旅して行く。別の歌手の一行は反対方向からやってくる。ある日、小さな町の向かい合せの映画館で〝実演〟が〝競演〟となる。そんなこともままあった。選挙の宣伝カーのすれちがいではないが、

「フジシマタケオさん、ガンバッテクダサーイ」

「アリガトーゴザイマース、ソチラモガンバッテー」

その精神で仲良くやったものだ。

〝実演〟。そう、〝ワゴン・マスターズ〟はもう聴くためのバンドというより、見せ物に近づきつつあった。メンバーは私も入れて六人、まだ幼かった沢村みつ子が紅一点のゲストシンガー。司会の三和完児さんと他にスタッフ四、五名の一行約十二人。今の歌手のツアーとは比較にならぬ少人数だが、映画館にスピーカーはあるに決まってるし、照明もスポットライトのほかに舞台の両袖に各二本もあればいいのだから、ス

タッフの数はこれで充分だったのだ。

それにしても客はよく入った。何しろテレビはないにひとしい時代だ。〃映画と実演〃は全階自由席。うしろから押され押されてステージのすぐ下まで移ってきた人たちが、なおも押されて苦しがっている。その中でも、とくにひ弱そうな娘が悲鳴をあげているのに手を貸して舞台に引っぱり上げたら、さあそのあとは大混乱。われもわれもと続々上がってきて、舞台がどこやら、客席がどこやら、当然演奏は中断して私たちは楽屋に逃げこむ始末。

それでも帰る客は誰もいないというので、やむなく制服の警察官三十人余りがステージの上に手と手をつないで円く輪を作り、舞台に上がった客たちはその輪の外にしゃがみ込む。

私たちは輪の内側で演奏を再開したのだが、なんだかお巡りさんと〃カゴメ、カゴメ〃をやっているような妙な気分だった。あれは京都の松竹座でのことなのに、思えば警察も消防も寛容なものだった。小さな映画館でもこうやって人が詰めかければ入場者数もバカにならない。不思議と事故はなかった。全員が有料入場者だったせいもあるのではないかと私は思っている。

マネージャーのコバヤシさんの肩書きが、いつのまにか〝社長〟と変わっていた。さぞかし楽な、おそらく日本で一、二を争うほどの気楽な社長であったろう。でも楽というなら私たちメンバーだって負けず劣らずであった。

一日二回公演の〝映画と実演〟では、一回に演奏する曲数がおよそ十五、私はそのうちの十曲ほどを歌う。曲目はいつも同じ、それだけを歌っていればよかった。

「ワゴン・マスター」「雨に歩けば」
「テキサスの黄色いバラ」「北風」
「ホワイト・スポーツコート」「16トン」
「モンタナの夜」「ラブ・ミー・テンダー」
「ハートブレイク・ホテル」「ジャイアンツ」

どの曲も日本語を入れて歌うのだ。いい訳詞がついているのだし、日本語だからこそ、こうして全国の人々に聴いてもらえる。そのことはよく分かっているのだが……。

これは私が夢中になってやってきたウェスタンとはどこか違うのじゃないだろうか？　そんな思いが日増しに強くなりはじめたのも、このころからだった。

米軍キャンプ時代に次から次へとせっせと覚えては歌い込んできた百曲を超す私のレパートリー、あの英語のウェスタンソングが歌えた場所がどんどん遠ざかっていく。あれほど寸暇を惜しんでみんなで新曲を練習したものなのに、もうその必要もなくなってきた。

〝EMクラブ〟や〝NCOクラブ〟がなつかしい。

「あー、ウェスタンが歌いたいなあ」

だがこれは贅沢な悩みというものだ。そしてどこへ行っても必ず〝映画と実演〟の会場には、

「ウェスタン・ショウ」

と大書された看板が高々とかかげられていたのも皮肉だった。


久し振りに東京へ戻ったら、コロムビアからのこんな話が待っていた。

「君もウェスタンばかりではなくて、これからはもっと幅広く、いろいろ歌っていった方がいいと思う、そのためには……」

そう切り出した目黒さんは、私の担当ではなかったが、ディレクターとしては最古参の一人で、ヒットメーカーとしても名を馳せていた。

その辣腕ぶりは聞いていたから、私はただだまってうなずいているだけだった。口調はやわらかだが、目黒さんのするどい眼差しが突き刺ってくるように感じられる。

「今度、日刊スポーツの協賛でね、自転車の、その、サイクリングの歌というのを作るのですが、それを君に歌ってもらったらどうだろう、ということになって……」

自転車……？　サイクリング？　……俺が……？　どういうことなのか、とっさにはよくのみ込めなかった。

「えー、歌詞は新聞社が一般公募するのですが、作曲は古賀先生、面白いと思いますよ」

空恐ろしいような気がした。古賀先生といえばあの古賀政男のことだろう。そういうジャンルの歌ならコロムビアにはもっと適役がいくらでもいるはずだ。だいいちウェスタンからまたまた遠くなってしまうじゃないか。


だが事は成るようにしかならなかった。コロムビアに入って二年近く、これまでの私の歌のすべてに、作詞、作曲、編曲で携わってこられたレイモンドさんは、これを聞いて大反対されたという。

「彼は声も歌い方も、古賀さんの曲には向いていません。無理です。失敗するに決まっている！」

物静かなレイモンドさんが、拳をふるわせ、涙さえ浮かべて抗議されたそうだ。自分で言うのも妙だが、そのころの私はレイモンドさんの秘蔵っ子といってもよかった。あのときのレイモンドさんの怒りを思うと胸が痛む。今考えると、レイモンドさんの言葉はまったくそのとおりだったのだから。

それでどうしたかというと、結局私は、ご挨拶とレッスンのために、代々木上原の古賀先生の宏大なお屋敷へ行ったのだ。同行したのは目黒さんではなくて、コロムビアの文芸部の人。そのあたりも目黒さんのキャリアと考えられなくもない。

「先生は奥のレッスン室でお待ちです」

書生さんに案内され、磨きぬかれた廊下を延々と歩いた。門から玄関までの、玉砂利を敷きつめた坂道が長かったことにも驚いたが、この廊下の続きぐあいも相当なものだった。

つい最近私はテレビドラマのロケで、現在は〝古賀政男記念博物館〟となっているこの建物の中に三十年ぶりに入った。そして改めてその廊下の長さを確認したのだから決して大げさではない（ちなみにそのドラマでの私の役は、なんとこのお屋敷の主人だった）。

〝コツコツ〟ノックの音が響いた。

「先生、コロムビアの方がお見えです」

もう夕方に近かったからか、それともウッソウとした庭の木立のせいだったのか、うす暗いレッスン室の、そこだけスタンドの灯りに浮き出たようなピアノの前には……写真でしか知らなかったが、粉う方なき古賀先生が座っておられた。

「やあ、いらっしゃい」

「はじめまして、コサカでございます」

蚊の鳴くような声しか出ない。私が言えたのは、やっとこれだけだった。最敬礼したまま頭は元へ戻らない。

みどりの風もさわやかに
にぎるハンドル心もかるく
サイクリング　サイクリング
ヤッホーヤッホー

意外に細い声だと思った。できたてのホヤホヤだからか、ピアノも歌も、何となくぎこちなく聞こえた。だが、新曲「青春サイクリング」の弾き語りは、古賀先生自身なのだ。しかも三コーラス通して……。

私はソファーの端に座って、ひたすら聴いているだけだった。

「いいですねえ先生、コサカくんにピッタリだと思います。明るくて……すばらしいです」

文芸部の人がそんなことを言ったようだった。

「じゃ、こんどは君、歌ってごらん」

優しい声がして、ピアノが鳴り、イントロが始まった。

私は何をすることもできなかった。歌うことはおろか、声を出すことも、立ち上がることも――。力は完全に抜けきっている。

和気あいあいと練習しているときの〝ワゴン・マスターズ〟のメンバーたちの顔が脳裡をよぎった。レイモンドさんの笑顔も見えた。

「やらなければ、オイ、やらなければ――」心はさけんでも体は応えない。他人から見ても自分から見てもこれは拒否のかたちだ。

仕方なく古賀先生は、もういちど最初から「青春サイクリング」を歌われた。そしてとうとう、ピアノの最後の音が消えていってしまった。私はひたすら身を固くしていた。

鍵盤から静かに手をおろして、先生は、

「それじゃ……ま、今日はこれでやめておきましょう」

と穏やかに言われた。

「それで、えーと吹込みはいつだったかな」

文芸部の人がすかさず答える。

「来週早々になります」

「そうだったね」

「はい。どうも本日は申し訳ございませんでした」

うしろから私も、ただペコペコおじぎをくり返した。

「まあ、大丈夫だろう、ようく練習しておきなさいよ」

よく子役のオーディションでは、これと似た風景を見ることがある。が、若かったとはいっても私は幼児ではなかった。ほんとうに申し訳ないことをしたと思う。

レコーディング当日、古賀先生はあのレッスンの日と少しも変わらぬ様子で親切に私を指導してくださった。

古賀政男作曲のオリジナル曲が、「青春サイクリング」をはじめとして私のレパートリーには三曲もある。

「青春サイクリング」は、数ある私のレコードの中でもいちばん良く売れたレコードだった。「ワゴン・マスター」も「ハートブレイク・ホテル」も「北風」も、それは人に喜ばれはしたが……。この曲によって私も歌手として全国区に躍り出たと言うべきなのかもしれない。それは必ずしも私の意図に反したものではなかったかもしれない。

テンガロンハットにカウボーイブーツといういでたち一辺倒だった私だが、このころからショウの後半には〝お色直し〟をして、スーツにタイというスタイルで、歌謡曲の歌手気取りで登場したりするようになったのだ。

〝サイクリング〟を歌うのにカウボーイスタイルではサマになりにくいこともあるし、プレスリーの曲にもスーツの方が似合う気がしたこともあるが、それよりも他のメンバーと〝差〟をつけてみたかったというのが本心だった。

長いことあれだけ一緒に苦労した仲間なのに。私は最年少なのだし、迷惑ばかりかけたことはあっても、その反対は一度だってなかったのに。だいいち〝ワゴン・マスターズ〟は依然としてカウボーイスタイルのユニフォームなのだ。その前に立ってスーツスタイルで歌われては、彼らだって恰好がつかないというものだ。だが、そんなことに気がつくような私じゃなかった。ギターのリーホさんはその辺で見きりをつけたのだと思う。テラケイさんやボーヤのショーボーをつれてやめていった。のちの人気バンド、〝スウィング・ウエスト〟も、守屋浩も、みんなそのときのリーホさんの英断から生まれた。

私はといえば、白いスーツにピンクのシャツ。黒の上下に黒いシャツ、それに銀色

日劇
日本劇
青春の呼び声
青春の呼び声
男の花道

のタイ。もはや完璧な成り上りアンちゃんだ。

〝サイクリング〟を歌うとき、〝ヤッホーヤッホー〟のところへくると私はだまる。するとど客席を埋めた女学生たちが、声をそろえて大合唱してくれるのだ。親しみやすい古賀メロディーのご利益だった。

そんなときピンクのシャツの成り上りアンちゃんは、ただニコニコと嬉しがっていればいい。ちょっとした教祖様の気分になってしまうのは、古今東西を問わずアイドル特有の錯覚である。なのに本人だけは気がつかない。

古賀先生の前でいじけていた自分も、レイモンドさんの怒りに胸を痛くした自分も、アメリカに憧れて今までやってきたウェスタンが歌えない淋しさを託《かこ》っていた自分も、ともすればどこかへ飛んでいってしまうのだった。

宮沢賢治の「貝の火」に出てくるウサギのホモイのように、「いけない、いけない」とは思いつつも目先の愉しさに抗しきれない自分の姿を、こわごわ見詰めているもう一人の自分が、いないわけではなかったのだが。

巡業先で、ステージの合間や終ったあとに散歩などしているとき、どこからか流れてくる歌声の、それが三橋美智也のものだったりすると、私はよく足をとめて聴き入ったものだ。あの歌いっぷりが好きだった。その流れる歌声も「女船頭唄」から「哀愁列車」にといつしか変わっていた。

〽ほーれえてー、ほれーてー
三橋美智也は偉大だ、歌手もあれぐらいになれば不滅だよなー、そう思っていた。三橋美智也は、民謡と歌謡曲と、本当はどっちが好きなんだろう？　そんなことを考えたりもした。

そして映画スターなら若尾文子、相撲だったら仏壇返しの若乃花の時代だった。流行というものが、いやに目まぐるしく変わりだしたのもこのころからだったような印象がある。平尾昌晃のせいなのかもしれない。

東京では、同じウェスタン出身の平尾昌晃や、まだ中学生のころ日曜ごとに私の下宿に押しかけてきていたミッキー・カーチスが人気を呼んでいる。そんな話が旅先の私をイラつかせた。早く東京に戻ってジャズ喫茶にも出たいと思った。

だが実演の旅はあいかわらず続いている。それは年の三分の二をゆうに超えるほどだった。

今ならさしずめ、冷暖房つきの大型バスをチャーターして、というところだろうが、まだそんなバスなど、どこを探してもありはしない。旅の移動は依然としてガタゴトと汽車に揺られてである。

近畿地方への旅での話だ。三重の方からまわってきて、次の公演地、たしか和歌山に向かう列車内でのことだった。

ついさっきまではしゃいでいたメンバーたちも、連日の疲れで皆うつらうつらしはじめている。だが、私には疲れより退屈さのほうがやりきれなかった。何でも思いどおりになることが多くなってきたせいで、我慢することがたまらなくイヤなのだ。

「チェッ、まーだ着かないのか、アーア」

誰も返事してくれない。

所在なさに立ち上がった私は、特二（特別二等車、現在のグリーン車）のドアをあけてデッキに出てみた。

人は誰もおらず、そこには〝ガッタン、ゴットン〟と車輪の音だけが響いている。と、反対側の三等車のドアが開いて、男が一人出てきた。何か大きな荷物を担いでいる。その荷物をデッキのいちばん降り口に近いところへ下ろすと、また三等車へと消えた。

ややあって男は、また同じような荷物を持って出てきて先刻の荷物の上に積む。そして消える。出てくる、積む、消える、出てくる――。何やってんだろ……？　私にも好奇心がある。

男は六十をかるく越えているように思えた。今から三十年以上も前だから、六十歳なら誰はばかることのない老人である。

でも、手伝ってやろうという気持など私にはまったく起きない。退屈しのぎの見物をきめこんでいるだけだった。

小身痩軀？ 短く刈り上げた髪はほとんど白く、それがこの老人の顔の日焼けを際立たせていた。小さな目をショボショボさせてはいるが、すぐそばに立っている私を見ようともしない。一心不乱に自分の作業に没頭し、たちまち三等車のデッキには荷物の山が盛り上がった。何なのか見当もつかないような荷物が多いなかに、長方形の、丈夫そうな大きな行李《こうり》といったものも何個かあったし、唐草模様の大きな風呂敷包みも目をひいた。

荷物の山ができ上がったから、これで終りかなと思ったらそうじゃなかった。汗をぬぐうひまもあらばこそ、老人は依然として出たり入ったりをくり返す。アレヨという間に今度は〝特二〟の側のデッキにも、もうひと山築き上げてしまったのだ。途中、何度か軽く私にぶつかったりもしたのだが、老人はそれを謝るでもない。

それほど一所懸命だったのだ。今となれば私にもそれがよく理解できる。しかし、そのときの私はそうではなかった。むしろ〝日本一のワカランチン〟だ。

もうじき着くというのに、これじゃあ降りられないじゃないか、いくらこっちは荷物が少ないとはいえ全国ツアーのご一行様だ。トランクだって何個かあるし、ウッドベースは運ぶのがとくにやっかいなのだ。早く汽車から降りたいのに、駅に着いちゃったらどうするんだ。

「どうするんだよオジさん！　こんなに荷物積み上げちゃって」

「え？」

と、老人は返事したのかしなかったのか、またまた三等車に入っていき、今度は自分の物らしい古びたズックのバッグを持って出てきた。

「オジさん！　だからどうするんだよ、これじゃ降りられないだろ！　だいいちこっち側は〝特二〟の降り口なんだ」

聞こえない風で、老人は首の汗をぬぐったりしながら、荷物の積みぐあいを確かめている。

「オジさん！　聞いてんのか！」

「……すんまへんなー」

関西弁だった。——返事こそしたが、あいかわらず荷物の方を向いたままである。

「じゃあ何とかしてよ！　俺たちだって忙しいんだから、駅に着いたらすぐ降りたいんだよ」

うなずいたというか、ちょっとおじぎをしたようにも見えたが……何も言わない。

「オイッ！　——オジさんっ！　——」

老人は完全にダンマリを決め込んでしまった。ガッタンゴットンの音だけがいっそう大きくなる。

イライラが最高潮に達してしまった私は、いきなり目の前に積んである荷物を両手で力いっぱい外に向かって押した。ちょうどそのとき、汽車はトンネルに入った。押された荷物はゴローンと闇の中へ落ちていき、その上にのっていた風呂敷包みなどもいくつか一緒に消えていってしまった。

「アッ！」

老人は闇に向かって手すりから身をのり出した。ガッタンゴットン、汽車は走っている。トンネルの中じゃあ何も見えるはずがない。

こっちへふり向き、私のシャツを摑んだときの老人の形相といったらなかった。

「なんということをするのや、あんたは！」

老人が「アッ！」と叫んだとき、ニュアンスこそ違え私もほとんど同時に「アッ！」と声をあげてしまった。後悔先に立たずとはこういうことを戒めることばなのに、そんなことばを思い出しても〝あとの祭り〟だった。

私のえりを摑んで、しばらく関西弁で呻くように何かまくしたてていた老人が、やがてその手をゆるめた。それから、もういちど走り去る車外の風景をじっくりと眺めやった。

汽車はとうにトンネルを抜けている。もう駅が近いのだろう、さっきよりガッタンゴットンのリズムもおそくなったようだ。

まだ何か言おうとするように、ゆっくりと顔を戻した老人は、そこで「オヤッ」という表情をした。

「あ、……わしはあんたの顔を知ってる」

「あんたは……歌手や……名前は忘れたが、ええと……なにやらいうアプレの歌手や」

「……そうか……」

「ハアーッ」

老人は深くため息をついた。

「わしはな、あんたら知らんやろうが、旅芝居のもんや、旅芝居の、その……裏方や、わしは……」

その目から怒りはもう消えていたが、話をしながらときどき私を見据える老人の眼光から、くぐり抜けてきたであろう数々の修羅場を想像することは容易だった。

「一座のものは明日和歌山へやってくるのだが、わしは先乗りして、荷物の一部を運ばなければならない。汽車が駅に着く前にこうしてデッキまで出しておかないと、短い時間に一人ではとても下ろしきれない。そっち側が〝特二〟だということも、あんたが文句言っているのも、分かってはいたのだが無視させてもらったんだ」

老人は、口早にこんな意味のことを喋った。

カッコがつかないなんて生易しいものじゃなかった。謝ることもできず、私はただただふてくされるだけ、ダンマリを決め込むのはこっちの番だった。

そんな私にかまわず、老人は話を続けた。

「こんな年寄りでも知っているほどなんだから、あんたはきっと有名なのだろう。そのあんたにこんなことをされて……駅に着いたらわしがどうしなければならないか分かるかね？」

老人が何を言いだすか、私には見当がつかない。

「今のあんたと私とでは境遇が違う。この列車にも、あんたらの仲間のエライ人が大勢乗っているのだろう。そりゃ同じ人間だから腹さえ決めれば何だってやれぬことはないが、この年だから面倒なことはしたくない……だから、わしは……」

そこまで言って、老人はまたしばらく車外に目をやった。

「駅に着いたら、大急ぎで荷物を下ろして、駅員さんか誰かに、見ててもらうように頼んで、わしは線路づたいにさっきのトンネルまで引き返して、あの、あんたがほうり出した荷物をひろってくる。……壊れたり失くなったりしていなければいいが……」

私は、精一杯〝への字〟に口をむすんでいた。もうすでに汽車の速度は、それこそ跳び下りられるほどにまで落ちてきていた。老人にもこれ以上喋っているひまはなさそうだった。

こうしてひとことも謝らずに私は、〝特二〟の自分の席まで逃げ帰ったのだった。メンバーたちはすでに降りる仕度を始めている。

「どこへ行ってたんだ、もう着くぞ」

「うん……あ、こっちは何だか混雑してるよ、うしろ側から出た方がいいみたいだ」

「そうか、よしわかった」

〝ワゴン・マスターズ〟の仲間たちは何も知らない。

駅に着いてからの老人の姿を、私はそれっきり見ていない。うしろのデッキから降りたし、改札口に向かってホームを歩いていくときも、忙しく働いているだろう老人のいる方角に、目をやろうとはしなかったから。

何しろ、あれから三十年以上だ。

あの老人はその後どうしていただろう。

何かのときに、私の出ているテレビ番組を、不本意ながら目にしてしまったかもしれない。「こいつや！　このガキや！」そう言ったかもしれないし、あのときの、あのどうしようもないアプレ歌手の名を知ったかもしれない。

私は、このときのことをいつまでも忘れないようにしようと思って来た。それしかなかった。

歌い手だったから映画雑誌には縁がなかったけれど、『平凡』や『明星』にならよく登場した。

『平凡』や『明星』は当時から芸能月刊誌として全国を席捲していた。同じような編集で講談社が『東京』というのを出した。これにも私はたびたび載ったことがあるのだが、『東京』は早々と廃刊してしまった。講談社なら大手なのになぜだろう、と疑問を持った。なぜ講談社を大手と決めてしまったんだろう？　という疑問は抱かなかった。〝少年講談〟のせいである。

戦前、講談社は少年講談という分厚い全集本を出していて、子供のころ私はそのほとんどを熟読していたのだ。『岩見重太郎』、『塚原卜伝』、『里見八犬伝』、そうだ『雷電為右衛門』なんていうのもあったっけ。だから私は、小学生の時分から「本の会社なら講談社」と思い込んでいたのだ。最近流行しているイメージコマーシャルというものが、その会社にとっていかに大切なのかが理解できる気がする。

さて芸能雑誌だが、似たような内容だったにもかかわらず、私は『平凡』の方がグレードが上のように感じていた。理由はとくにない。しいて言えば、その雑誌のカメラマンへの好みだろうか?

グラビアの撮影のときには、今まで会ったこともなかった女優さんたちと話せたりするのが嬉しかった。

「来月号ではどんな人とご一緒したいですか?」

誰々と答えると、たいていの場合は呼んできてくれた。夢のようなことだ。まったくいい思いをしたものだ。

他によくあったのがアンケートのページだ。

好きな花は? 食べ物は? 女優さんでは? 得意なスポーツ? 身長と体重は? などなど、ありきたりだが、しかしファンにとってはおろそかに読めない質問が続いた。いつの世にもこの手の企画がすたれることはない。

深く考えもせずに「ガーベラ」、「メロン」、「山本富士子」、「ラグビー」、「五尺五寸五分、十五貫五百」(これが今のどのくらいなのか見当がつかないのだが) などと答えていたが、真面目な読者はほんとうだと思い込んでしまう。

贈られるプレゼントにすぐひびいて、そういうものが多くなってくる。まさか山本富士子をくれる人はいないが、花ならガーベラ、果物はマスクメロンが圧倒的に増えてきた。贈り主は高校生、中学生が主だったからマスクメロンを買うのは大変だったろうと思うが、それは今にして思うことであって、そのころの私に思いやりの心など極めて薄かった。

函入りの高級果物マスクメロンは、いつも楽屋にゴロゴロしていた。喜んで一人一個ずつ食べたりしていたバンドボーイたちは、身のほど知らずにも「あーあ、メロンも飽きましたねえ」などと言い出している。

日本中どこへ行っても、そういったプレゼントはひきもきらなかった。舞台が終ると次の回までの休憩時間に、私は楽屋口の守衛室に座らされる。受付の小窓越しにプレゼントをうけとるのだ。女の子たちは列を作って待つ。順番がくると、二言三言話をして握手、そして贈り物を渡して——その間、一人三十秒かそこら、それでおしまい。

一人につきもう二、三分増やしたってバチは当たらなかったろうに、不可能なことではなかったが決してそうはしなかった。それでも、最近のアイドルより少しはマシだと思っている。このごろのコンサートでの、「カメラ、カセット持ち込み禁止」、あれはいったい何だろう。場内ではまるで縁日のようにしてそのアイドルのグッズを売っている。その営業妨害になるというのなら、そんなものでまで商売しなくてもいいじゃないかと言いたい。儲けるのは入場料とレコード、ＣＤで充分じゃないか。素人のとったテープや写真など、金になったとしてもたかが知れている。

〝ちょっと待って下さいよ、そりゃあおたくたちの時代は、著作権も肖像権もまだ明確にされていなかったような前近代的な様相の――〟そんな反論も聞こえてくるようだ。こういうことにメクジラをたてることこそ、年をとった証拠だ、なんて言われるのがいちばん私の怖れるところだから、話を元に戻したい。

楽屋に戻ってみたら、うず高く積まれたプレゼントの山から、何かいいものでもあったらばと、バンドボーイたちが興味津々で次々に包みを開けているところだった。これも毎日の光景なのだ。

「ウェーッ、なんだこれは！」一人が頓狂な声を発した。

洋菓子だったら二十個入りというところだろう、やや大ぶりな白いボール箱は、きれいな包装紙とリボンにくるまれていたのだが、その中には、泥、砂、石ころ、ガラスの破片、折れ釘、そんなものがずっしりと詰まっていたのだ。

おかしなことだが、私は、タマゴが入ってるのかな？と思ってしまった。

私の幼いころ、鶏卵はまだ貴重品で、贈答などによく利用されていた。それはたいてい籾殻《もみがら》の詰まった箱に入れられていたものだ。物珍しさにふたをとってみて、最初はなあんだモミガラかとがっかりして、待てよと指先で除《よ》けていくと、その中から白いタマゴが顔を出す、それはそれは嬉しいものだった。

だがいくら除けていっても、このときの箱の中身はガラクタばかり、まるで舌切り雀の欲ばりじいさんがもらった大きい方のツヅラのようである。

非難がましい手紙などいっさい入っていない、またとくべつ汚ないようなものも入ってはいなかった。でもよく話に聞く「封筒に入れられたカミソリの刃と脅迫文」、そういったもの以上に、この無言の箱は、私の心にズシンと応えた。

あの和歌山への車中で会った旅廻りの一座の老人、あのときにも感じたある種の肌寒い風が、スウーッと私の中を通っていった。〝貝の火のうさぎのホモイ〟が思わず身ぶるいしたような、つめたいすきま風だった。冬の札幌でのことだ。

松竹映画の京都撮影所で作られていた人気シリーズ、伴淳三郎、花菱アチャコ主演の「二等兵物語」に、歌好きの歯医者という役で私もチョコッと出演したことがある。

その映画に出てから半月ほどして、私たちは大阪の布施《ふせ》（現在の東大阪市）で〝実演〟をやっていた。昼ノ部でのことだが、ショウも終りに近づいたころ、突然、司会者が出てきて、

「みなさまに、今日はスバラシイお客様をご紹介いたしまーす」

と大声で客席に告げた。

「花菱アチャコさんが応援にかけつけてくださいましたー。それではアチャコさん、

どーぞー！」

そんなことはまったく聞かされていなかったからびっくりしたが、でもとにかく嬉しかった。小さいときから映画で観ていた、あの〝エンタツ・アチャコ〟のアチャコさんだ。共演したといっても、ほんのワンシーンだけなのに、天下のアチャコさんがわざわざ……私の胸が躍った。

ただ、残念だったのは、この日の布施での昼ノ部は客席がやや寂しかったことである。〝立錐の余地も無く〟というわけにはいかなかった。というより二階席などは空席が目立ってさえいたのだ。

スポットライトを浴びて、満面に笑みをたたえたアチャコさんが、あのおなじみのヨタヨタ歩きで登場した。

私にもニコッと目礼された。そして中央のマイクの前に進む。拍手はいちだんと大きくなって！

「ハナビシ・アチャコでございます」

ふかぶかと頭をさげた。

ゆっくりと顔を上げながら、二階の隅の方からはじめてずうっとお客様を見渡していく。そんな動作にも何十年のキャリアがものを言うのか、ムダなところが少しもなかった。

もともと「ムチャクチャでゴザリマスル」の名セリフとともに、あの困惑の表情はアチャコさんのトレードマークだ。

しかし……客席を見まわしながら浮かべたこのときのアチャコさんの〝困惑〟は、いつものそれとはまた違うものだった……私には忘れられない。

「アリャーしまった！……くるんやなかった……」

もちろんアチャコさんがそんなことを言うはずがない。面白可笑しく挨拶されて、ちゃんと私を引き立ててくれて——ニコヤカに退場されたのだが……。

幕が下りて、急いで私はお礼を言うためにアチャコさんの姿をさがした。

だが誰に訊いても「もう帰られましたよ」の返事しかもどってこなかった。私の胸に、またすきま風が吹いた。〝ホモイの貝の火〟は、どんどん曇っていくのだった。

雲の果てに、つづく道――あとがき

1990

日記をつけていたわけではないのに、遠い昔のことなのに――今も明確に語れる思い出が、誰にでもあるはずだ。

楽しい思い出の方が多いだろうが、そうでないものだって決して少なくない。それは、語り手が心のどこかでそのエピソードを気に入っているからにほかならない。

他人に語ることをくり返しているうちに、己れの話し方にぎこちなさを意識したり、聞き手の反応も確かめたりしながら、内容を取捨選択していくのだから、物語は徐々に大方の興味を満たす形に変化していく。

あまつさえ、それでまちがいないと、自分でも信じてしまうまでに美化されてもくる。

こうなったらもうその話は、〝できすぎの完成品〟だ。――講談である。

よくできた講談ならば魅力的だ。

「アラキマタエモン、 カギヤノツジデノケットウニ、 ムラガルアイテヲ、 バッタバッタト……」

私だったら、話がアメリカがらみだから、

「デービー・クロケット！ ワズカ三ツデ、 クマタイジ……」などというところか。

自分でも、どこまでがホントなのか、分からなくなっていても、人間は得得として昔を物語りたがるものなのだ。若い人よ、斟酌《しんしゃく》して、その話を聞いてやるがいい。

さいわい、〝ワゴン・マスターズ〟で一緒だった仲間たちは、今も全員そろって健在である。

●ラーフさん（ラーフ・モフタデイン）
勤務する船会社の観光ビジネス部門で、エキスパートとして母国トルコのために心血を注いでいる。

●マツコ（キハラ・マツコ）
渡米して二十年余、〝トーキョー・マツ〟の名で、年頃の娘とナッシュヴィルにて演奏活動を続けている、最近訪日（？）した際、再会できたが、スッカリ〝南部の女〟にナリキッタ。

●アッちゃん（トリオ・アツタカ）
一時病を得たが、順調に回復。海外音楽家を招聘する会社の代表としてカムバック。湘南は葉山より、元気に東京へ通っている。

●オリンちゃん（フジモト・セイイチ）
三人でメンバーを組み、銀座に出演中というから、三十数年前の原点に立ち戻ったわけだ。その銀座の店の名が、なんと〝テネシー〟というのである。

●テラケイさん（テラモト・ケイイチ）
大磯在住、カントリー・シンガーとして、ジミー・時田、大野義夫とともに現在も意欲的に活動を続けるが、残念ながら後継者は育っていない。

●ショーボー（タナベ・ショウチ）
中目黒名物の不思議なビルを建てたエージェンシーの社長だというが、最近音信なく、行方不明。それでも元気なことは確実である。

――1990年現在の近況

WILL THE CIRCLE BE UNBROKEN

（永遠の絆）

●ケビリさん（フジサワ・ケイジ）

苗場でスキー・ロッジを長年経営していたが、最近、札幌近郊に新設されたテレビジョンの技術者、演出家、タレント等を養成するための学園に招かれ事務局長に就任した。

●イハラさん（イハラ・タカタダ）

日本のＴＶ界における〝バラエティ〟の先駆者は、現在ホノルルに永住し、悠々自適の毎日。「お前さんも、いいトシなんだから、もっと国際人になりなさい」とのワープロで打った葉書が最近届いた。

●リーホさん（ホリ・タケオ）

株を上場するほどの大成功を収めたプロダクションの今や会長。だが出社時間は依然として早いそう。しかもその前に、早朝五時から趣味の漬物たちの具合を確かめに、庭の漬物小屋に出向くという。

●ヤマコさん（コヤマ・サカエ）

結婚はメンバー中いちばん早く、十年前すでに銀婚式を祝った。長男も去年嫁を迎え、ますます夫婦円満。小規模ながら、音楽プロダクションを経営、人柄どおりの堅実な道を歩んでいる。

●ダハラさん（ハラダ・マコト）

〝スティールギターの他に、吾を生かす道なし〟と、かくしゃくたる演奏活動に励む。擬音のテクニックも含め、そのスティールギターは若い演奏者にも一聴の価値あり。

装丁／本文挿画――和田　誠　©2022 和田誠事務所

企画協力――新田博邦

＊本書には今日の人権意識に照らして不適切と思われる語も含まれますが、舞台となる時代背景と、作者が故人であることを考慮し、原文の表記を尊重してそのままとしました。

―――本書のプロフィール―――

本書は、一九九〇年一〇月に単行本として河出書房新社より刊行された作品を文庫化したものです。

小学館文庫

メイド・イン・オキュパイド・ジャパン

著者　小坂一也《こさかかずや》

二〇二二年十一月九日　初版第一刷発行

発行人　石川和男
発行所　株式会社　小学館
〒一〇一-八〇〇一
東京都千代田区一ツ橋二-三-一
電話　編集〇三-三二三〇-五一三二
　　　販売〇三-五二八一-三五五五
印刷所――凸版印刷株式会社

この文庫の詳しい内容はインターネットで24時間ご覧になれます。
小学館公式ホームページ　https://www.shogakukan.co.jp

ISBN978-4-09-407197-9